"ධම්මෝ හි වාසෙට්ඨා, සෙට්ඨෝ ජනේතස්මිං
දිට්ඨේ චේව ධම්මේ, අභිසම්පරායේ ච."

වාසෙට්ඨයෙනි, මෙලොවෙහි ත්, පරලොවෙහි ත්
ජනයා අතර ධර්මය ම ශ්‍රේෂ්ඨ වෙයි !

- අග්ගඤ්ඤ සූත්‍රය - භාගයවත් බුදුරජාණන් වහන්සේ

නුවණ වැඩෙන බෝසත් කථා - 15

ජාතක පොත් වහන්සේ

(කකණ්ටක වර්ගය)

පූජ්‍ය කිරිබත්ගොඩ ඤාණානන්ද ස්වාමීන් වහන්සේ

ISBN : 978-955-687-114-2

ප්‍රථම මුද්‍රණය : ශ්‍රී බු.ව. 2561 ක් වූ වෙසක් මස පුන් පොහෝ දින

සම්පාදනය : මහමෙව්නාව භාවනා අසපුව

වඩුවාව, යටිගල්ඔළුව, පොල්ගහවෙල.

දුර : 037 2244602

info@mahamevnawa.lk | www.mahamevnawa.lk

පරිගණක අකුරු සැකසුම, පිටකවර නිර්මාණය සහ ප්‍රකාශනය :

මහාමේඝ ප්‍රකාශකයෝ

වඩුවාව, යටිගල්ඔළුව, පොල්ගහවෙල.

දුර : 037 2053300, 076 8255703

mahameghapublishers@gmail.com

මුද්‍රණය : තරංජි ප්‍රින්ට්ස්,

506, හයිලෙවල් පාර, නාවින්න, මහරගම.

ටෙලි: 011-2801308 / 011-5555265

නුවණ වැඩෙන
බෝසත් කථා - 15
ජාතක පොත් වහන්සේ
(කකණ්ටක වර්ගය)

සරල සිංහල පරිවර්තනය

පූජ්‍ය කිරිබත්ගොඩ ඤාණානන්ද
ස්වාමීන් වහන්සේ

ප්‍රකාශනයකි

පෙරවදන

ජාතක පොත් වහන්සේ ඔබ කියවලා ඇති. කුඩා අවධියේත්, පාසලේදීත්, සරසවියේත්, පන්සලේ බණ මඩුවේත්, වෙසක් නාඩගමේත් අපි ජාතක කථා රස වින්දෙමු. නමුත් එහි සැබෑ අරුත කුමක් දැයි තේරුම් ගන්නට අප සමත් වූ වගක් නම් නොපෙනේ.

'නුවණ වැඩෙන බෝසත් කථා' නමින් ඒ ජාතක කථා ඔබේම භාෂාවෙන් ඔබට කියවන්නට ලැබෙන්නේ එයින් ඉස්මතු වන අරුතත් සමඟිනි. මෙහි අරුත් දැන එම කථාවත් මතක තබා ගෙන සත්පුරුෂ ගුණධර්ම දියුණු කර ගන්නට මහන්සි ගන්නේ නම් එය ජාතක කථාවෙන් ඔබට ලැබෙන සැබෑම ප්‍රතිඵලයයි.

හැම දෙනාටම තෙරුවන් සරණයි!

මෙයට,
ගෞතම බුදු සසුන තුළ මෙත් සිතින්,
පූජ්‍ය කිරිබත්ගොඩ ඤාණානන්ද ස්වාමීන් වහන්සේ
ශ්‍රී බුද්ධ වර්ෂ 2560 ක් වූ වෙසක් මස 31 දා

මහමෙව්නාව භාවනා අසපුව
වඩුවාව, යටිගල්ඔළුව,
පොල්ගහවෙල.

පටුන

15. කකණ්ටක වර්ගය

නමෝ තස්ස භගවතෝ අරහතෝ සම්මාසම්බුද්ධස්ස
ඒ භාග්‍යවත් අර්හත් සම්මා සම්බුදුරජාණන් වහන්සේට නමස්කාර වේවා!

01. ගෝධ ජාතකය
හිතුවක්කාර තලගොයාගේ කථාව

පින්වතුනේ, පින්වත් දරුවනේ,

අජාසත් රජ්ජුරුවන්ව රවටාගෙන දේවදත්ත ගයා ශීර්ෂයේ මහා ධනවත් පන්සලක් හැදුවා. දායක පවුල් පන්සියයකින් නිතර දාන මානාදියෙන් සංග්‍රහ ලැබුවා. දේවදත්තට පක්ෂ වූ භික්ෂූන් පවා සිටියා. එක් භික්ෂුවක් රජගහනුවරින් පිටත් වෙලා දේවදත්ත ළඟට ගිහින් දානේ වළඳනවා. ටික දවසක් යද්දී මෙය භික්ෂූන් වහන්සේලාට ආරංචි වුණා. භික්ෂූන් වහන්සේලා ඒ භික්ෂුවට අවවාද කොට භාග්‍යවතුන් වහන්සේ ළඟට අකැමැත්තෙන් ම කැඳවාගෙන ගියා.

"මහණෙනි.... මොකද ඔය භික්ෂුව අකැමැත්තෙන් වගේ කැඳවාගෙන එන්නේ?"

"ස්වාමීනී භාග්‍යවතුන් වහන්ස, මේ භික්ෂුව රසයට ගිජුවීම නිසා බරපතල වැරැද්දක් කරලා තියෙනවා. දේවදත්ත අධර්මයෙන්, මිථ්‍යා ආජීවයෙන් ලද භෝජනය හොරෙන් ම ගොහින් අනුභව කරලා එනවා."

"අනේ නෑ ස්වාමීනී.... මට දේවදත්ත දුන්නු

දානයක් නෑ. මට දන් දුන්නේ මිනිස්සු නොවැ."

"භික්ෂුව.... අමාරුවේ වැටෙන්ට එපා. කලින් ආත්මෙකත් අවවාද කළාම ගණන් ගත්තේ නෑ. ඒ නිසා ඒ ආත්මෙත් ඔය දේවදත්තගේ පැත්ත ගත්තා. බොහෝ පිරිසකට විනාශය කැඳෙව්වා."

එතකොට භික්ෂූන් වහන්සේලා ඒ අතීත සිදුවීම කියාදෙන්ට කියා භාග්‍යවතුන් වහන්සේගෙන් ඉල්ලා සිටියා. භාග්‍යවතුන් වහන්සේ මේ ජාතකය වදාළා.

"මහණෙනි, ගොඩාක් ඉස්සර කාලෙක බරණැස්නුවර බ්‍රහ්මදත්ත නම් රජ්ජුරු කෙනෙක් රාජ්‍ය කරමින් සිටියා. ඔය කාලේ බෝධිසත්වයෝ තලගොයි යෝනියේ ඉපදිලා උන්නා. ඒ තලගොයා හොඳට හැදීවැඩී ගියාට පස්සේ නොයෙක් සිය ගණන් තලගොයි පිරිවරාගෙන නදී තෙර මහා තුඹසක වාසය කළා. මේ බෝසත් තලගොයාට පැටියෙක් සිටියා. ඒ තලගොයි පැටියා කටුස්සෙක් එක්ක යාළුකම් පැවැත්තුවා. යාළුකම වැඩිකමට කටුස්සව වැළඳගන්න ඕනෑ කියලා ගිහින් කටුස්සාව තමන්ගේ බඩට යට කරගන්නවා. අනිත් තලගොයි මේ අමුතු යාළුකම දැකල තලගොයි රාජයාට දැනුම් දුන්නා. තලගොයි රාජයා සිය පුත්‍රයාව කැඳෙව්වා.

"දරුව, තෝ නොගැලපෙන යාළුකමක්, විශ්වාසයක් ඇති කරගෙන තියෙන්නේ. කටුස්සෝ කියන්නේ පහත් ජාතියේ සත්තු. ඕකුන් සමග විශ්වාසේ තියාගැනීම නොකළ යුතු දෙයක්. හැබැයි තෝ දිගින් දිගට ම කටුස්සත් එක්ක යාළුකම් පැවැත්තුවෝතින් ඔය කටුස්සා නිසා ම අපේ තලාගොයි සංහතිය ම වැනසිලා

යාවි. ඕං.... හොඳට මතක තියා ගනිං.... මෙතැන් පටන් ඔය කටුස්සත් එක්ක ඇයි හොඳයි කම් පවත්වනවා නොවෙයි."

නමුත් තලගොයි පැටියා ඒ අවවාද ගණනකට ගත්තේ නෑ. කටුස්සත් එක්ක තිබුණු හාදකම දිගට ම පැවැත්තුවා. එතකොට බෝසත් තලගොයි රාජයා තම පුත්‍රයාට නැවත නැවත අවවාද කළා. ඒත් තලගොයි පැටියා ගණනකට ගත්තේ නෑ. බෝධිසත්වයෝ මේ ගැන සිතන්ට පටන් ගත්තා. "අපේ එකා කොතෙක් කිව්වත් අහන්නේ නෑ. ඔය කටුසුවා හින්දා අපට මහා විපැත්තියක් වෙන එකනං වෙනවා ම යි. දැන් කරන්ට තියෙන්නේ හදිස්සියක් වුණොත් පලායන්ට උපායක් සොයා ගන්න එකයි" කියල වෙනත් පැත්තකින් සුළං කපොල්ලක් හදාගත්තා.

කලක් යද්දී තලගොයි පැටියා ලොකුවෙලා මහා තලගොයෙක් බවට පත් වුනා. නමුත් කටුස්සා කලින් හිටියා වගේම යි. තලගොයා වැඩි විශ්වාසෙට කලින් වගේම කටුස්සට ආදරය දක්වන්ට ඕනෑ කියලා වැළඳගන්ට ගිහින් තමන්ගේ ශරීරෙන් යට කරගන්නවා. එතකොට කටුස්සාට තේරෙන්නේ කන්දකට යට වුණා වගෙයි. මෙයින් පීඩාවට පත් කටුස්සා මෙහෙම හිතුවා. "හපොයි.... හපොයි.... මේ මලකෝලං හිතවත්කම හින්දා තව දවස් කීපයක් මාව මෙහෙම වැළඳගන්ට ගියොත් මං මැරිලා යාවි.... හරි.... එක දෙයයි කරන්ට තියෙන්නේ.... තලගොයි මරණ වැද්දෙක් එක්ක එකතු වෙලා තලගොයි හැතිකරේ ම මකබාවලා දාන්ට ඕනෑ" කියලා.

එක් දවසක් පායන කාලෙක වැස්සක් වැස්සා.

ඒ වැස්සට මෙරු මතුවුනා. එතකොට ඒ ඒ තැනින් තලගොයි එළියට ඇවිත් මෙරු කන්ට පටන් ගත්තා. එදා තලගොයි වැද්දෙක් හුඹස් බිඳින්ට උදැල්ලක් අරගෙන දඩයම් බල්ලනුත් එක්ක කැලෑ වැදුනා. කටුස්සා මේක දැක්කා. "අද නම් මගේ අදහස මුදුන්පත් කරගන්ට පුළුවනි" කියලා වැද්දට ළං වුනා. "එම්බා මිනිස, මොකදෑ මේ කැලෑ වැදිලා?" "මං මේ තලගොයි සොයන්ට කියලා" "ඕහෝ.... එහෙම ද... මං නං දන්නවා සිය ගණන් තලගොයි ඉන්න තැනක්. ගින්දරයි පිදුරුයි ඇන්න වරෙං, මං පෙන්නන්නම්."

එතකොට තලගොයි වැද්දා ගින්දරයි, පිදුරුයි අරගෙන ආවා. කටුස්සාත් සමග එතැනට ගියා. "මේං.... මෙතැනයි තැන.... හා.... දැන් මෙතැන්ට පිදුරු ඔබලා ගිනි තියලා දුම් ගස්සලා තුඹසේ වටේට දඩයම් බල්ලෝ තියාපං. තුඹසින් එළියට එන එන තලගොයි ඔබ මුගුරෙන් ගසා මරා ගොඩ ගසාපං" කියලා උපදෙස් දුන්නා. "අද මං මගේ සතුරාගේ ගුටිකාපු පිට බලන්ට ඕනෑ කියලා කටුස්සා හිස ඔසොවාගෙන දිගෑදිලා සිටියා.

වැද්දා හුඹස් කටේ පිදුරු එබුවා. ගිනි තියලා දුම් ගැස්සුවා. හුඹස දුමින් පිරී ගියා. දුම නිසා ඇස් නොපෙනුන තලගොයි මරණ භයින් තැතිගෙන පලායන අදහසින් ඒ ඒ තැනින් එළියට පැන්නා. වැද්දා පොලු පහර දී මැරුවා. බල්ලෝ සපා මැරුවා. තලගොයි රැළට මහා විනාසයක් වුණා. බෝධිසත්වයන් දැනගත්තා කටුස්සා නිසා මහා විපතක් වෙමින් තියෙනවා කියලා. මේ පව්කාර කටුස්සකුගේ යාළුකමක් නිසයි තලගොයි සංහතියට මේ විනාශය වුණේ කියලා කලින් හදාගත් හුළං කවුළුවෙන් පලායමින් මේ ගාථාව කිව්වා.

අසත්පුරුෂ පව්ටුන් හා යාළුකමක් ඇති කරගෙන
කිසිදා ඒ කිසිවෙකුටත් නැත සැපයක් ඇතිවන්නේ
කටුස්සා නිසා තලගොයි සංහතිය ම වැනසුන සේ
තමා ඇතුළු හැමදෙනා ම එයින් ම වැනසී යන්නේ

මහණෙනි, එදා ඔය කටුස්සා වෙලා සිටියේ දේවදත්ත. එදා පියාගේ අවවාදය නොසලකා කටුස්සට ලැදිව සිටිය තලගොයි පැටියා වෙලා සිටියේ අද දේවදත්තගේ පැත්තට ගිය මේ භික්ෂුව. එදා තලගොයි රාජයා වෙලා සිටියේ මම" යි කියා භාග්‍යවතුන් වහන්සේ මේ ජාතකය නිමවා වදාළා.

02. සිඟාල ජාතකය

බෝසත් සිවලාගේ කථාව

පින්වතුනේ, පින්වත් දරුවනේ,

ඔබ අසත්පුරුෂ දේවදත්තගේ නපුරුකම් ගැන කොතෙකුත් අසා ඇති. සසරේ බැඳගත් වෛරයක් දිගින් දිගට පවත්වා ගෙන ආ ඔහු තම නොසංසිඳෙන පළිගැනීමේ ආශාව කිසිසේත් නැවැත්තුවේ නෑ. අපගේ භාග්‍යවතුන් වහන්සේගේ නික්ලේශී උතුම් ජීවිතය නසන්ටයි වීරිය කළේ. නමුත් ඔහුගේ උත්සාහය හරි ගියේ නෑ.

ඒ දිනවල අපගේ භාග්‍යවතුන් වහන්සේ වැඩ වාසය කළේ රජගහනුවර වේළුවනයේ. එදා දම්සභා මණ්ඩපයට රැස් වූ භික්ෂූන් වහන්සේලා භාග්‍යවතුන් වහන්සේව ඝාතනය කිරීමට දෙව්දත් ගත් වෑයම අසාර්ථක වීම ගැන කතා කරමින් සිටියා. ඒ අවස්ථාවේ භාග්‍යවතුන් වහන්සේ එතැනට වැඩම කොට වදාළා. භික්ෂූන් වහන්සේලා තමන් කතා කරමින් සිටි කරුණ භාග්‍යවතුන් වහන්සේට සැළකළා. භාග්‍යවතුන් වහන්සේ මෙය වදාළා.

"මහණෙනි, ඔය දේවදත්ත මාව ඝාතනය කරන්ට මහන්සි ගත්තේ මේ ආත්මේ විතරක් නොවේ. පෙර ආත්මයකත් වීරිය කළා. නමුත් ඔහුට ඒක කරගන්ට බැරිව ගියා. තමන් ම යි වෙහෙසට පත්වුණේ." මෙසේ වදාළ භාග්‍යවතුන් වහන්සේ මේ ජාතකය වදාළා.

"මහණෙනි, ගොඩාක් ඉස්සර කාලෙක බරණැස්පුරේ බ්‍රහ්මදත්ත නමින් රජ්ජුරු කෙනෙක් රාජ්‍ය කරමින් සිටියා. ඔය කාලේ බෝධිසත්වයෝ සිවල් රාජයෙක් වෙලා සිවල් සේනාවක් පිරිවරාගෙන සොහොනේ වාසය කළා.

ඔය දවස්වල රජමන්දිරයේ උත්සවයක් තිබුණා. ඒ උත්සවේදී බොහෝවිට සුරාපානය කරනවා. ඒ නිසාම එයට සුරා සැණකෙලිය කියලත් කියනවා. එහිදී බොහෝ බේබදු ජනයා සුරාවත් මසුත් සෑහෙන්ට ගෙන්වා ගත්තා. ලස්සනට හැඳ පැළඳගෙන ඇවිදින් සුරා බීලා මස් කෑවා. රාත්‍රී පළමු යාමයේ ම මස් ඉවර වුණා. නමුත් සුරා ගොඩක් ඉතිරිව තිබුණා. එතකොට එක් බේබද්දෙක් මෙහෙම කිව්වා.

"ඕයි.... මිත්‍රය.... මට මස් කෑල්ලක් දෙනවද?" "කොහෙන් දෙන්ට ද? මස් ඉවරයි" "අයියෝ.... සුළු දෙයක් නෙ.... මං ඉන්දැද්දී මස් නොතිබී යනවැයි? මං දැන් යනවා අමු සොහොනට. එතැනට මැරුණ මිනිසුන්ගේ මස් කන්ට සිවල්ලු එනවා. මං ගොහින් සිවල්ලු මරා ගෙන මස් ගේන්නම්" කියල මුගුරකුත් අරගෙන නගරයේ කුණු දමන කාණුව දිගේ පහලට ගිහින් අමුසොහොනට ගියා. මුගුරත් අතින් මිටි මොලොවාගෙන මැරුණා වගේ උඩුබැල්ලෙන් හාන්සි වෙලා සිටියා.

ඒ මොහොතේ බෝධිසත්වයෝ සිවල් පිරිසත් කැටුව සොහොනට ගියා. ඒ පුද්ගලයා මළමිනියක් වගේ ඉන්නවා දැක්කා. දැකලා මෙහෙම හිතුවා. "ම්.... වෙන්ට බෑ. මළ මිනියක් වගේ පෙනුනට මට නම් හිතෙන්නේ මිනිහෙක් බොරුවට ඉන්නවා කියලයි. හොඳ හැටියට විමසා බලන්ට ඕනෑ" කියල යටි සුළඟ පැත්තට ගියා. පණ ඇති මිනිසෙකුගේ සිරුරින් හමා එන ගඳත් සමඟයි සුළං හමන්නේ. මේ පුද්ගලයාව ලැජ්ජාවට පත්

කරවා ම පිටත් කරවන්ට ඕනෑ කියලා සිතා බෝධිසත්වයෝ හෙමිහිට ගොහින් මුගුරේ කෙළවර කටින් ඇද්දා. එතකොට බෙබද්දා මුගුර අත්හැරියේ නෑ. ළඟට පැමිණි කවුරුත් පෙන්ට නැති නිසා ආයෙමත් තදින් මුගුර අල්ලා ගත්තා. බෝධිසත්වයෝ ටිකක් ඈතට ගිහින් මෙහෙම කිව්වා.

"එම්බල මිනිස, ඉදින් තෝ මැරුණ එකෙක් නම් මං මුගුර කටින් අදිනවිට තරකොට දැඩිව අල්ලා ගන්නේ නෑ. මේ කාරණයෙන් තෝ මැරුණා ද නැද්ද යන වග තෝරා බේරාගැනීම පහසු නෑ" කියා මේ ගාථාව පැවසුවා.

මැරුණ වගේ දිගැදිලා සිටියත් නුඹ මිනිහෝ
මළා ද නොමළා ද කියා දැන ගන්නට බැරියෝ
මුගුරේ කොන මගේ කටින් අදින විට දි මිනිහෝ
අතින් දැඩිව අල්ලාගෙන එය නෑ අතහැරියේ

බෝධිසත්වයෝ මෙහෙම කියන කොට ම බෙබද්දාට වැඩේ වැරදුන බව තේරුනා. එක්වරම නැගිටලා මුගුරෙන් බෝධිසත්වයන්ට ගැහැව්වා. ඒ පහරත් වැරදුනා. "හොඳයි සිවලෝ තෝ පල! මට වැරදුනා!" කියලා මිනිහා කෑ ගහලා කිව්වා. එතකොට බෝධිසත්වයෝ මෙහෙම කිව්වා. "එම්බල මිනිස, තෝ මට ගහපු පහර වැරදුනාට අට මහා නිරයත්, දහසයක් උස්සද නිරයනුත් තොට වරදින්නේ නෑ!" කියලා පිටත් වෙලා ගියා. බෙබද්දාට සිතූ දේ කරගන්ට බැරිව ගියා. සොහොනෙන් ගිහින් දිය අගලෙන් නාලා ආ මගින් ම යන්ට ගියා.

මහණෙනි, එදා ඒ බෙබදු මිනිසා වෙලා සිටියේ දේවදත්ත. සිවල් රාජයා වෙලා සිටියේ මම" යි කියා භාග්‍යවතුන් වහන්සේ මේ ජාතකය නිමවා වදාළා.

03. විරෝචන ජාතකය

බැබළීම කොපි කරන්ට ගිය නරියාගේ කතාව

පින්වතුනේ, පින්වත් දරුවනේ,

සමහර උදවියට ගොඩාක් පිං තියෙනවා. සමහරුන්ට එහෙම පිනක් නෑ. නමුත් පින්වන්තයින් කරන දේ බලා සිට තමන්ට එය උහුලාගන්ට බැරිව ඒක කරන්ට යනවා. ගිහින් අමාරුවේ වැටෙනවා. දේවදත්තත් එහෙම කෙනෙක්. නිතරම කල්පනා කළේ භාග්‍යවතුන් වහන්සේව අනුකරණය කරන්ටයි. නමුත් ඔහුට කිසිදාක එය කරන්ට බැරි වුණා. මෙය ඒ කතාවයි.

ඒ දවස්වල අපගේ භාග්‍යවතුන් වහන්සේ වැඩ වාසය කළේ රජගහනුවර වේළුවනයේ. ඔය කාලේ දේවදත්ත ධ්‍යාන බලයෙනුත් පිරිහී ගියා. ලාභ සත්කාරයෙනුත් පිරිහී ගියා. ඔහුට තිබුණේ එකම උපායයි. නිවන් අවබෝධයට ඍජුව ම බලපාන කරුණු පහක් තියෙනවා කියා වර පහක් සකස් කරගත්තා. දේවදත්ත එය සකසා ගත්තේ මෙහෙමයි.

භික්ෂුවක් දිවිතිබෙන තුරු අරණ්‍යවාසයේ ම ඉන්ට ඕනෑ. දිවි තිබෙනතුරු පිණ්ඩපාතයෙන් ම

යැපෙන්ට ඕනෑ. දිවි තිබෙන තුරු පාංශුකූල සිවුරෙන් ම ඉන්ට ඕනෑ. දිවි තිබෙනතුරු රුක්සෙවනේ ම ඉන්ට ඕනෑ. දිවි තිබෙනතුරු නිර්මාංශව ම ඉන්ට ඕනෑ කියලා ප්‍රතිපත්ති පහක් සකසාගෙන ඒවා භාග්‍යවතුන් වහන්සේ ලවා අනුමත කරවා ගන්ට උත්සාහ කළා. භාග්‍යවතුන් වහන්සේ වදාළේ ඒ ප්‍රතිපත්ති අනිවාර්ය කරන්ට අවශ්‍ය නැති බවයි. ඒ අවසරයෙන් අග්‍ර ශ්‍රාවකයන් වහන්සේලා ළඟ අළුතින් පැවිදි වූ භික්ෂූන් පන්සිය නමක් ම නොමග යවාගන්ට දෙව්දත්ට පුළුවන් වුණා. ඒ පන්සිය නමත් රැගෙන ගයාවේ ගයා ශීර්ෂයේ තමන්ගේ විහාරයට ගියා. ඔය විදිහට සංඝභේදයත් කරගත්තා. ඒ භික්ෂූන් පන්සියනම මහත් විනාශයකට පත් වෙන්ට පළමු ගොස් බේරාගන්ට කියලා භාග්‍යවතුන් වහන්සේ අපගේ සාරිපුත්ත මොග්ගල්ලාන අග්‍රශ්‍රාවකයන් දෙනම වහන්සේ පිටත් කෙරෙව්වා.

අග්‍රශ්‍රාවකයන් වහන්සේලා ගයාශීර්ෂයට වඩිද්දී දේවදත්ත රාත්‍රියේ සංඝයාට ධර්මය කියමින් සිටියේ. දේවදත්තට දැන් ගොඩාක් සතුටුයි. එතකොට දේවදත්ත එක්වරම භාග්‍යවතුන් වහන්සේව අනුකරණය කරන්ට පටන් ගත්තා. "සාරිපුත්තයෙනි, දැන් භික්ෂු සංඝයා නිදිමතෙන් තොරවයි සිටින්නේ. මේ භික්ෂු සංඝයා පිණිස ඔබට ධර්ම කථාව වැටහේවා! මාගේ පිට ස්වල්පයක් ගිලන් ය. එනිසා මා ටිකක් සැතපෙන්නම්" කියා හාන්සි වුණා. සැණෙකින් ඔහු ගැඹුරු නින්දකට වැටුණා. අපගේ සාරිපුත්ත මහරහතන් වහන්සේ ඒ භික්ෂූන්ට ධර්මකතාව වදාළා. මහාමොග්ගල්ලාන මහරහතන් වහන්සේ ඒ ධර්මකතාවට අනුරූප විස්තර ඉර්ධිබලයෙන් දක්වා වදාළා. ඒ පන්සිය නම ම සෝවාන් ඵලයට පත් වුණා.

ඊට පස්සේ අපගේ අග්‍රශ්‍රාවකයන් දෙනම වහන්සේ නැවත රජගහනුවර බලා පිටත් වෙද්දී අර පන්සිය නමත් උන්වහන්සේලා සමග වැඩියා.

කෝකාලික විහාරයට ඇවිත් බලද්දී කව්රුත් පේන්ට නෑ. දෙව්දත් විතරක් ගැඹුරු නින්දේ. 'ඇවැත් දේවදත්ත, යසයි තොපගේ ඔය නින්ද. ආං අග්‍රශ්‍රාවකයෝ දෙන්නා තොපගේ පිරිස ඩැහැගෙන ගිහිං' කියලා විලුඹින් පපුවට ඇන්නා. එතකොට දේවදත්ත ඇහැරුණා. නැගිට්ටා. වටපිට බැලුවා. කව්රුත් නෑ. හැමෝම ගිහින්. එතකොට ම කටෙන් ලේ වමනේ ආවා. එතැන් පටන් ලෙඩ වුණා.

අග්‍රශ්‍රාවකයන් වහන්සේලා වේළුවනයට ගිහින් භාග්‍යවතුන් වහන්සේ බැහැදැක වන්දනා කළා. දේවදත්ත භාග්‍යවතුන් වහන්සේව අනුකරණය කරමින් හැසිරුන ආකාරය කියා සිටියා. එවිට භාග්‍යවතුන් වහන්සේ මෙය වදාළා.

"සාරිපුත්තයෙනි, දේවදත්ත තථාගතයන්ව අනුකරණය කරන්ට ගිහින් අමාරුවේ වැටුණේ මේ ආත්මේ විතරක් නොවේ. මීට කලිනුත් මහා විනාශයකට පත් වුණා."

එතකොට අපගේ සාරිපුත්ත මහරහතන් වහන්සේ දේවදත්ත කලින් ආත්මෙකත් අනුකරණ කරන්ට ගොහින් වැනසුන ආකාරය කියා දෙන්ට කියා භාග්‍යවතුන් වහන්සේගෙන් ඉල්ලා සිටියා. භාග්‍යවතුන් වහන්සේ මේ ජාතකය වදාළා.

"සාරිපුත්තයෙනි, ගොඩාක් ඉස්සර කාලෙක බරණැස් නුවර බ්‍රහ්මදත්ත නමින් රජ්ජුරු කෙනෙක්

රාජ්‍ය කරමින් සිටියා. ඔය කාලේ බෝධිසත්වයෝ කේශර සිංහයෙක්ව ඉපදිලා හිමාල වනයේ රන් ගුහාවේ වාසය කළේ. දවසක් ඔය සිංහයා රන්ගුහාවෙන් එළියට ඇවිත් ඇඟ සොළවා කේශර සැලුවා. ඊට පස්සේ සිව්දිසාව බලා ගාම්භීර වූ සිංහනාදය පැවැත්තුවා. ගොදුරු සොයා පිටත් වුණා. මහා කුළුමීමෙකුව මරා ගත්තා. මස් අනුභව කළා. එක විලකට ගිහින් පැන් බීවා. ඔය විදිහට කුස පුරවාගෙන හැන්දෑයාමේ ගල්ලෙනට ආවා. එදා එක් නරියෙක් ගොදුරු සොයන්ට යන අතරේ මේ සිංහයාගේ පා ඉදිරියේ වැඳ වැටුණා.

"හා.... මොකෝ ජම්බුකය?" "අනේ ස්වාමී.... ඔබවහන්සේගේ පා සෙවනේ උපස්ථානයට යි මං ආසා" "බොහොම අගෙයි.... එහෙනම් තෝ මට උපස්ථාන කොරහං. මං තොට හරි අගේ ඇත් මස් කන්ට දෙන්නම්" කියල සිංහයා නරියාව ගල්ලෙනට එක්කරගෙන ගියා.

එතැන් පටන් මේ නරියා සිංහයා මරාගෙන එන මස් කාලා ටික දවසකින් හොඳට තර වුනා. දවසක් නරියා ගුහාවේ හාන්සි වී සිටියදී සිංහයා කතා කළා. "ජම්බුක, තෝ කන්ද උඩට ගොහිල් පහළ බලාපං. ඇත්තු, කුළුමීමෝ ආදී සතුන්ගෙන් තෝ කන්ට ආසා යම් සතෙකුගේ මසක් නම් ඒ සතාව බලාගෙන අසවල් සතාගේ මස් කන්ට ආසයි කියා මට වැඳලා 'ස්වාමී.... බබළනු මැනව' කියල කියාපිය. එතකොට මං ඒ සතාව මරලා මස් කාලා තොටත් දෙන්නම්"

ඉතින් නරියා කඳු මුදුනට නැගලා පහළ බලනවා. තමා කන්ට ආසා යම් සතෙකුගේ මසක් නම් රන් ගුහාවට වැදී සිංහයාට දැනුම් දෙනවා. සිංහයාගේ පා ඉදිරියේ වැඳ

වැටී 'ස්වාමී.... බබළනු මැනව' කියා කියනවා. එතකොට සිංහයා විදුලි වේගයෙන් කඩා පනිනවා. ඉදින් එතැන ඉන්නේ මද කිපුන ඇතෙක් නම් එතැන ම ඇතාව මරණවා. ඊට පස්සේ ඒ ඇතාගේ මස්වල හොඳ කොටස කනවා. නරියාටත් දෙනවා. නරියා කුස පුරා මස් කාලා කාලා ගුහාවට වැදී නිදියනවා.

කලක් ගතවෙද්දී නරියාට මහා අහංකාර කමක් සිතට ආවා. "ඕ.... මාත් සිව්පාවෙක් නොවැ. හැබැට මං මොකටෙයි අනුන්ගෙන් යැපිලා ඉන්නේ? අද පටන් මාත් හස්තීන් වැනි සතුන්ට ප්‍රහාර එල්ලකොට ඔවුන්ගේ මස් අනුභව කරන්ට ඕනෑ"

මෘගරාජ සිංහයාත් 'ස්වාමී, බබළනු මැනව' යන පදය කියූ පමණින් මහා හස්තිරාජයන් මැරී වැටෙනවා. මාත් සිංහයා ලවා 'ජම්බුකය, බබළනු මැනව' කියා මට කියවා ගන්ට ඕනෑ. ඊට පස්සේ මහා හස්තිරාජයෙක් මරා මස් කන්ට ඕනෑ' කියලා සිතුවා.

ඉතින් නරියා සිංහයාව මුණ ගැහෙන්ට ගියා. ගිහින් "ස්වාමී.... මං දූන් සෑහෙන කලක් තිස්සේ කෑවේ තමුන්නාන්සේ මරාපු හස්තීන්ගේ මස් නොවැ. මාත් මහා හස්තියෙකුට ප්‍රහාරයක් එල්ල කොරලා හිට මස් අනුභව කොරන්ටයි ආසා. ඒ නිසා මාත් රන් ගුහාවේ තමුන්නාන්සේ සැතපුන තැන සැතපෙන්නම්. එතකොට තමුන්නාන්සේ පර්වත පාමුල හැසිරෙන මහා හස්තීන් දෙස බලා වදාරා මා ළඟට සැපත් වෙලා 'ජම්බුකය, බබළනු මැන' කියා පවසන්ට. මෙපමණ දේකට මසුරුකොමක් නොකරන සේක්වා!"

"නෑ.... ජම්බුක. උඹ ඔය අදහස අතෑරපං. හස්තීන්

මරන්ට සමතෙක් නරින් අතර ඉපදිලා ඒ නරියා හස්තියෙකු මරා මස් කාපු බවක් නම් ලෝකේ නෑ. මං ඉතින් හස්තීන් මරණවා නොවැ. මං දෙන මස් කාලා හිටහං."

සිංහ රාජයා කෙතෙක් කරුණු පහදලා දුන්නත් නරියා තම අදහස අත්හරින්ට කැමැති වුණේ නෑ. නරියා නැවත නැවතත් තමන්ගේ ඉල්ලීම ඉටු කරදෙන්ට කියා ආයාචනා කර සිටියා. බැරිම තැන සිංහයා එයට කැමති වුණා.

"හොඳා.... එහෙනම් මං සැතපෙන තැන සැතපියන්" කියලා නරියාව රන් ගුහාවේ හාන්සි කෙරෙව්වා. පර්වත පාමුලට ගොහින් ඇතෙක් ඉන්නවා බලාගෙන ආවා. රන් ගුහාවේ දොරටුව ළඟට ගිහින් 'ජම්බුකය, බබළනු මැනව' කියා කිව්වා. එතකොට ම නරියා නැගිට්ටා. ඇඟපත ගස්සලා මවිල් සෙලෙව්වා. හතර දිසාව බැලුවා. තුන් විඩක් හූ කිව්වා. මද වැගිරෙන මහා හස්තියාගේ පිටට පනින්ට ගොහින් වැරදිලා ඇතාගේ පාමුලට පැන්නා. එතකොට ම ඇතා දකුණු පාදය ඔසොවා නරියාගේ හිස මතින් තිබ්බා. හිස් කබල කුඩු වී ගියා. ඊට පස්සේ ඇතා පාවලින් නරියාගේ කුඩු වී ගිය සිරුර එකතුකොට ඒ මතට බෙට්ටක් හෙළා දමා කුඤ්චනාද දෙමින් වනයට වැදුනා. බෝධිසත්වයෝ මෙය දැක 'ජම්බුකය. දැන් බබළනු මැන' කියා මේ ගාථාව පැවසුවා.

මං එපා කියද්දී නරියෝ
- එය තේරුම් නොගත්තේ
- නුඹ ඇයි ද කියාපං
ඇත් පාදෙන් පහර කමින්
- හිස් මොළ බැහැරට විසි වී

- චප්ප වුනා නේද කියාපන්
තරම නොදැන තමාගේ ම
- තමා ම කරගත්තු දෙයින්
- කුඩුපට්ටම් වුණා නේද
අද නරියෝ නුඹට ඉතින්
- බබලනු මැනව යි කියූ දේ
- ඇහෙනවාද කියාපන්

කියලා සිංහයා රන් ගුහාවට ම ගියා.

මහණෙනි, එදා සිංහයාව අනුකරණය කරන්ට ගොහින් වැනසී ගිය නරියාව සිටියේ දේවදත්තයි. සිංහරාජයා වෙලා සිටියේ මම" යි කියා භාග්‍යවතුන් වහන්සේ මේ ජාතකය නිමවා වදාළා.

04. නංගුට්ඨ ජාතකය

ගවයාගේ වලිගය ගැන කථාව

පින්වතුනේ, පින්වත් දරුවනේ,

අපගේ භාග්‍යවතුන් වහන්සේ ජීවමානව වැඩ සිටින දවස්වල සෑහෙන්න මිථ්‍යා තපස් චරියා තිබුණා. ජේතවනාරාමය පිටුපසත් ඔවුන් ගිනිගොඩවල් ගහගෙන තපස් රකිනවා. තනි කකුලෙන් සිටගෙන ඉන්නවා. අත් දෙක උඩට ඔසොවාගෙන ඉන්නවා. නොයෙකුත් කටුක තපස් චරියා කරනවා.

ඒ දිනවල භාග්‍යවතුන් වහන්සේ වැඩ සිටියේ සැවැත් නුවර ජේතවනයේ. භික්ෂූන් වහන්සේලාට පිඬුසිඟා වඩිද්දී නා නා තපස් චර්යා කරන අය දකින්ට ලැබුණා. එතකොට ඒ භික්ෂූන් වහන්සේලා භාග්‍යවතුන් වහන්සේ වෙත පැමිණ මෙ කරුණ ඇසුවා.

"ස්වාමීනී, භාග්‍යවතුන් වහන්ස, මේ තාපසවරුන් නොයෙක් ආකාරයේ තපස් චර්යාවන් කරගෙන මහා වෙහෙසක්, දුකක් විඳිමින් මහා උත්සාහයක් කරනවා. මෙවැනි වැරදි තපස් ක්‍රමවලින් මොවුන්ට මොකක් හෝ අභිවෘද්ධියක් ඇති වේවි ද?"

"නෑ.... මහණෙනි, මෙවැනි වැරදි තපස් චර්යාවලින් කවදාකවත් කුසල් වැඩෙන්නේ නෑ. ඉස්සර කාලේ හිටපු

පණ්ඩිත ජනයා ඔවැනි තපස් නිසා කුසල් වැඩෙනවා කියලා සිතාගෙන තමන් උපස් දවසේ පටන් නොනිවා ගෙන ආ යාග ගින්න අරගෙන වනේට ගියා. නොයෙක් ආකාරයෙන් ගිනි දෙවියා පිදුවා. නමුත් කිසිම දියුණුවක් ලැබුණේ නෑ. අන්තිමේදී ඒ ගින්න නිවා දමා කසිණ භාවනා කරලා ධ්‍යාන අභිඤ්ඤා සමාපත්ති උපදවා ගෙන බඹලොව උපන්නා" කියා මේ ජාතකය වදාළා.

"මහණෙනි, ගොඩාක් ඉස්සර කාලේ බ්‍රහ්මදත්ත නමින් රජ්ජුරු කෙනෙක් රාජ්‍ය කරමින් සිටියා. ඔය කාලේ බෝධිසත්වයෝ එක්තරා උසස් බ්‍රාහ්මණ පවුලක උපන්නා. බෝධිසත්වයෝ උපන්න දවසේ මව්පිය දෙන්නා තම පුතා වෙනුවෙන් ගින්නක් අවුලුවා නොනිවා තිබ්බා. බෝධිසත්වයන්ට වයස දහසයක් වෙද්දී දෙමාපියන් මෙහෙම කිව්වා. "අදරැති පුත්‍රය, අපි ඔබ උපන්න දවසේ ම ගිනිදෙවියන්ගේ නාමයෙන් ගින්නක් ඉපැද්දුවා. එය තාමත් නොනිවා දල්වාගෙන එනවා. ඉදින් පුත්‍රය, ගිහිගෙ දර වාසය කරන්ට කැමැති නම් තුන්වේදය හොඳාකාරව ඉගෙන ගන්ට ඕනෑ. බඹලොව යන්ට කැමති නම් මේ ගින්නත් අරගෙන වනාන්තරේට ගොහින් පූජා පවත්වා මහාබ්‍රහ්මරාජයාව සතුටු කොරලා බඹලොව උපදින්ට ඕනෑ."

"අනේ මෑණියෙනි, පියාණෙනි, මං ගිහි ගෙදර වාසයට කැමති නෑ. මං කැමතියි වනාන්තරේට ගොහින් ගිනි දෙවියන් පුදමින් සිට බඹලොව යන්ට" කියලා බෝධිසත්වයෝ ගින්නත් අරගෙන වනේට ගියා. වනේ කුටියක් හදාගෙන ගිනි පූජා පවත්වමින් වාසය කළා.

දවසක් බෝසත් තාපසයාට පූජාවකට ගවයෙක්

ලැබුණා. ගවයා කුටියට අරගෙන ඇවිත් තාපසයා මෙහෙම සිතුවා. "හරි.... මං අග්නි දේවතාවුන්ට ගවමාංශයෙන් පූජාවක් කරන්ට ඕනෑ. නමුත් කුටියේ ලුණු නෑ නොවැ. අග්නි දේවතාවෝ ලුණු නැතිව මස් අනුභව කරන එකක් නෑ. ඒ නිසා මං ගමට ගොහින් ලුණු ටිකක් ගේන්ට ඕනෑ" කියලා ගවයාව ගිනි පූජාව ළඟ කණුවක ගැටගසා ගමට ගියා. ඔය අතරේ වනේ ගිය දඩයක්කාර සමූහයක් එතැනට ආවා. ගවයා දැකලා උෟව මරා තාපසයා දල්වා තිබූ යාග ගින්නේ ම මස් පුළුස්සා කාලා නැට්ටත්, කකුලුත්, සමත් එතැනම දාලා ඉතිරි මසුත් රැගෙන ගියා. තාපසයා ඇවිත් බලද්දී ගවයාගේ වලිගයත් ඉතුරු කෑලිත් දැක මහත්සේ සංවේගයට පත් වුණා.

"අනේ මේ ගිනිදෙවියෝ තමන් සන්තක දේ වත් රැක ගන්ට බැරිකොට කවදා නම් මාව රැක ගනීවිද? මං මේ ගින්නක් පුදන්ට යෑම කිසි අර්ථයක් නැති දෙයක් කියලයි දැන් තේරුම් ගන්ට තියෙන්නේ. මේ වැඩෙන් මට යහපතක් වෙන්නේ නෑ." කියලා ගින්න ගැන තිබුණු භක්තිය නැතිව ගියා. ගින්න ළඟට ගිහින් මෙහෙම කිව්වා.

"එම්බල ගිනි දෙවිය, තොපට තමන් සන්තකව වෙන් කොරපු දේ වත් රැකගන්ට බැරිව ගියා. එහෙව් එකේ මාව රකින්නේ කොහොමෙයි? දැන් පූජාවට මස් නෑ. මෙපමණකින් සතුටු වෙයන්" කියල අර වලිගයයි, කකුලුයි, සමයි ගින්නට දාලා මේ ගාථාව පැවසුවා.

මා උපන් දවසෙ අවුළුවාපු එම්බල ගිනිදෙවිය
මාගෙන් බොහො පිදුම් ලැබුව අසත්පුරුෂ දෙවිය
තොප සතු දේ සුරැකගන්ට බැරි වී ගිය දෙවිය
වලිගයෙනුයි තොප පුදන්නෙ එය දැනගනු දෙවිය

තොප පුදන්ට මා හට අද මසක් නොමැත දෙවිය
මේ වලිගය, සම ද කටු ද පිළිඅරගනු දෙවිය

කියලා ඒ සියලු දේ ගින්නට දමා පිච්චෙන්ට ඇරියා. ඊට පස්සේ මහාවතුර භාජනයක් ගෙනැවිත් ගින්නට දමා මෙතෙක් කල් මහත් භක්තියෙන් පිදූ ගින්න නිවා දැම්මා. කසිණ භාවනාව දියුණුකොට ධ්‍යාන සමාපත්ති උපදවා ගත්තා. මරණින් මතු බඹලොව උපන්නා.

මහණෙනි, එදා ගින්න නිවූ තාපසයා වෙලා සිටියේ මම" යි කියා භාග්‍යවතුන් වහන්සේ මේ ජාතකය නිමවා වදාළා.

05. රාධ ජාතකය

රාධ නැමති ගිරා පැටියාගේ කථාව

පින්වතුනේ, පින්වත් දරුවනේ,

අපගේ භාග්‍යවතුන් වහන්සේගේ කාලේ බොහෝ දෙනෙක් බුදුසසුනේ පැවිදි වෙලා මාර්ගඵල නිවන් අවබෝධ කොට සසරින් එතෙර වුණා. පැවිදි වූ ඇතැම් භික්ෂූන් වහන්සේලාට තමන් නොසිතූ ආකාරයේ නොයෙක් කරදරවලට මූණ දෙන්ට සිදු වුණා. ඇතැම්විට තමන්ගේ ම පැරණි බිරිඳගෙන් නැවත ගිහිජීවිතයට පෙළඹවීම් ආවා. දැන් කියැවෙන්නේ එබඳු කතාවක්. සැවැත්නුවර සිටි එක්තරා භික්ෂුවකට නැවත සිවුරුහැර ගෙදර එන්ට කියා පැරණි බිරිඳගෙන් නිතරම බලපෑම් ආවා. මේ භික්ෂුවගේ සිතටත් නැවත ගිහි ජීවිතයට ආශාවන් ඇතිවෙන්ට පටන් ගත්තා. තමන් මහත් පීඩාවෙන් වාසය කරන බවත් පැවිදි ජීවිතේ සිත නොඇලෙන බවත් අනෙක් භික්ෂූන් වහන්සේලාට කියා සිටියා. එතකොට අනෙක් භික්ෂූන් වහන්සේලා මේ භික්ෂුව භාග්‍යවතුන් වහන්සේ ළඟට කැඳවාගෙන ගියා. භික්ෂූන් වහන්සේලා මේ භික්ෂුව පත් වී ඇති පීඩා තත්වය පැහැදිලි කළා.

"ඇයි.... භික්ෂුව මෙතරම් උතුම් ශාසනයක පැවිදිව පීඩාවෙන් වාසය කරන්නේ? කිසියම් ස්ත්‍රියකගේ පෙළඹවීමක්වත් වුණාද?"

"එහෙමයි..... භාග්‍යවතුන් වහන්ස, අපගේ ගිහිකාලේ ගෙදර උන්දෑගෙන් තමයි බේරෙන්ට අමාරු. මට ගෙදර එන්ට කියලා ම යි කියන්නේ. ඈට කවුරුත් නෑ ලු. ඈ තනිය ලු. අසරණයි ලු. ඒ නිසා ඇගේ ආරක්ෂාව ගැනත් බලන්ට එපා යැ"

"භික්ෂුව.... ස්ත්‍රිය කියන්නේ පරෙස්සම් කරන්ට පුළුවන් සත්වයෙක් නොවෙයි. මනාකොට රැකවල් තිබ්බත් ඇව රකින්ට බෑ. ඉස්සර කාලේ හොඳට ආරක්ෂාව ඇතුව තැබුවත් රැකගන්ට බැරි වූ එකේ දැන් රැකගන්නේ කොහොමද?" කියා භාග්‍යවතුන් වහන්සේ මේ ජාතකය වදාළා.

"මහණෙනි, ගොඩාක් ඉස්සර කාලෙක බරණැස්පුරේ බ්‍රහ්මදත්ත නමින් රජ්ජුරු කෙනෙක් රාජ්‍ය කරමින් සිටියා. ඔය කාලේ බෝධිසත්වයෝ ගිරා යෝනියේ ඉපදිලා උන්නේ. මේ බෝසත් ගිරවාට බාල තවත් ගිරා පැටියෙක් සිටියා. මේ ගිරව් දෙන්නාව දරුවන්ට වගේ ආදරයෙන් කවා පොවා ඇති දැඩි කළ එක්තරා බ්‍රාහ්මණයෙක් සිටියා. මේ බ්‍රාහ්මණයා බෝසත් ගිරවාට පොට්ඨපාද කියා නම තිබ්බා. බාල ගිරවාට රාධ කියා තිබ්බා.

දවසක් මේ බ්‍රාහ්මණයාට වෙළඳාමේ යන්ට සිද්ධ වුණා. තමන් පුත්‍රස්ථානයේ තබා සලකන ගිරවුන් දෙන්නාට කතා කළා.

"මාගේ දරුවෙනි, ඔයාලාගේ මෑණියන් වන බ්‍රාහ්මණිය ගැන දන්නවා නොවැ. ඔය ස්ත්‍රිය සිල්වත් තැනැත්තියෙක් නොවේ. බැරිවෙලාවත් ඔයාලාගේ මෑණියෝ අනාචාරයේ හැසිරෙන්ට සූදානම් වුණොත් අපේ පියාණන් ආවිට කියනවා කියල වළක්වන්ට ඕනෑ හොඳේ."

එතකොට බෝධිසත්වයෝ මෙහෙම කිව්වා. "අනේ පියාණනි.... එහෙම නොවේ. අපට වළක්වන්ට ඇහැක් වුණොත් විතරක් වළක්වන්නම්. බැරි වුණොත් අපි නිශ්ශබ්දව ඉන්නවා ඕං..."

"හරි.... හරි.... පුතේ.... ඔයාලා නුවණින් කටයුතු කරන්ට" කියලා බ්‍රාහ්මණයා ගිරවුන් දෙන්නට තම බිරිඳව භාර දීලා වෙළඳාමට පිටත් වෙලා ගියා. බ්‍රාහ්මණයා පිටත්වෙලා ගිය දවසේ ඉඳලා ඒ බැමිණිය බරපතල විදිහට අනාචාරයේ හැසිරෙන්ට පටන් ගත්තා. ඒ ගෙදරට එන යන මිනිසුන්ගේ කෙළවරක් නෑ. ඇගේ දුස්සීල ක්‍රියාව දැකපු රාධ බෝධිසත්වයන්ට මෙහෙම කිව්වා.

"අයියණ්ඩි.... අපට පියා යද්දී කිව්වා නේද පුතේ මෑණියෝ අනාචාරයේ හැසිරුණොත් වළක්වන්ට කියලා. දැන් ඈ වැඩේ ජයට පටන් අරගෙන නොවැ. අපි ඈව වළක්වමු. ඔහොම කරන්ට එපා කියමු."

"රාධ.... නුඹ ඔහොම කල්පනා කරන්නේ තමන්ගේ නොමේරුකම නිසයි. ලාබාල කම නිසයි. ගෑණුන්නේ හැටි දන්නේ නෑ. ස්ත්‍රිය සඟවාගෙන ආරක්ෂා කළත් රැකගන්ට බෑ. ඒ නිසා අපි මේ වෙලාවේ මේ ප්‍රශ්නෙට අත දාන්ට වටින්නේ නෑ" කියලා මේ ගාථාව පැවසුවා.

අනේ රාධ ගෑණුන්නේ හැටි නුඹ නම් නොදන්නේ ය
රෑ මැදියම වෙන්ට කලින් ආ ගිය අය නොදන්නේ ය
එළිවෙන විට තව කොපමණ ඒ වී දැයි නොදන්නේ ය
මේ බැමිණිය අප පියාට ආදරයක් නොමැත්තී ය
වළකන්නට කතා කරන ඔබ මේ ගැන නොදන්නේ ය

බෝධිසත්වයෝ මෙහෙම කියලා බැමිණිය සමඟ

කතා කරන්ට සූදානම් වූ රාධව වැළක්කුවා. බ්‍රාහ්මණයා නැවත එනවට ඈ කැමති වුණෙත් නෑ. බ්‍රාහ්මණයා ඇවිත් ගිරවුන් දෙන්නා ළඟට කතා කොට විස්තර ඇසුවා. බෝසත් ගිරවා සිදුවූ හැමදෙයක් ම එකක් නෑර කිව්වා.

"පියාණෙනි, දැන් අපි ඔබට මැණියන් මේ මේ ආකාරයෙන් දුස්සීලයි කියලා කිව්වා. දැන් ඉතින් අපි මෙහි වාසය කරන එක කොහෙත්ම සුදුසු නෑ" කියලා බ්‍රාහ්මණයාගේ පා වැඳ රාධත් සමඟ ඉගිලී වනයට ගියා.

භාග්‍යවතුන් වහන්සේ මේ ජාතකය පවසා සසර ගමනේ ඇති දුක්ඛිත ස්වභාවයත්, කෙලෙස් නිසා සත්වයන්ට ඇතිවන විපතත් පැහැදිලි කොට චතුරාර්ය සත්‍ය වදාළා. දේශනාව අවසානයේ සිවුරු හැර යන්ට සිතා සිටි භික්ෂුව සෝවාන් ඵලයට පත් වුණා.

මහණෙනි, එදා බ්‍රාහ්මණයාව සිටියේ මේ භික්ෂුව. බැමිණිය වෙලා සිටියේ මේ ආත්මයේ ගිහිකාලේ බිරිඳ. රාධ නමැති ගිරවා වෙලා සිටියේ අපගේ ආනන්දයෝ. පොට්ඨපාද ගිරවා වෙලා සිටියේ මම"යි කියා භාග්‍යවතුන් වහන්සේ මේ ජාතකය නිමවා වදාළා.

06. කාක ජාතකය

කපුටි නිසා වැනසෙන්ට ගිය කපුටුරළේ කථාව

පින්වතුනේ, පින්වත් දරුවනේ,

මෙයත් ලස්සන කතාවක්. පැවිදි වූ කෙනා පැවිදි වූ අරමුණ මනාකොට සිහියේ තබා නොගත්තොත් අමාරුවේ වැටෙන ආකාරයයි මින් කියවෙන්නේ.

ඒ දිනවල අපගේ භාග්‍යවතුන් වහන්සේ වැඩ වාසය කළේ සැවැත්නුවර ජේතවනයේ. ඔය කාලේ සැවැත්නුවර එකිනෙකාට මිත්‍ර වූ වයසක උපාසක පිරිසක් සිටියා. මේ වයසක යහළුවෝ නිතර එකතුවෙලා දෙව්රමට බණ අසන්ට යනවා. දවසක් ඔවුන් මෙහෙම කතාවුණා.

"අනේ යාළුවනේ.... අපි හොඳට ධනය හම්බ කළා. ගෙවල් දොරවල් හැදුවා. දරුමල්ලෝ ඇතිදැඩි කළා. දැන් අපි වයසක උදවිය නොවැ. ගිහි ගෙදරට වෙලා තව දුරටත් ඉන්න එකේ තේරුමක් නෑ. භාග්‍යවතුන් වහන්සේගේ උතුම් බුදුසසුනේ පැවිදි වෙලා මහණදම් පුරමු. සසර දුකින් අත් මිදෙන්ට උත්සාහයක් ගනිමු."

හැමෝම ඒ අදහසට එකඟ වුණා. තම තමන් සතු සියලු දේපල වස්තුව දූදරුවන්ට පැවරුවා. ඤාතිමිත්‍රාදීන් කඳුලු වැකීගිය නෙතින් ඔවුන්ගේ පැවිද්දට සහය දුන්නා.

භාග්‍යවතුන් වහන්සේ වෙත පැමිණ උතුම් පැවිද්ද ලබා ගත්තා.

පැවිදි වුණාට පස්සේ කලින් ගිහිකාලේ තිබූ උත්සාහයවත් ඇති කරගත්තේ නෑ. සිවුරු පොරවාගත් පමණින් සෑහීමට පත් වුණා. සතිපට්ඨානය වැඩුවේ නෑ. ධර්මය ඉගෙන ගත්තෙත් නෑ. ටිකෙන් ටිකේ තමන්ටත් නොදැනීම කෙලෙස් හටගත්තා. ගිහිකාලේ හිටියා වගේ ම මේ මහළු පැවිද්දන් එකට ම යි වාසය කළේ. ජේතවනාරාමයේ කෙළවරකට වෙන්ට පන්සල් හයක් හදවා ගත්තා. එහි වාසය කළා.

පිඬු සිඟා යද්දි ගෙපිළිවෙලින් පිඬුසිඟා වැඩියේ නෑ. තම තමන්ගේ දූ දරුවන්ගේ ගෙවල්වලටයි දානෙට ගියේ. ඔවුන් අතරින් එක් භික්ෂුවකගේ පැරණි බිරිඳක් හැමෝට ම මහත්සේ උපකාරීව සිටියා. ඒ නිසා ඔවුන් කරන්නේ තම තමන්ගේ ගෙවල්වලින් ලැබුණු දානය අරගෙන මහත් සේ උපකාර ඇති බිරිඳගේ නිවසට ගොස් දන් වැළඳීම යි. ඇයට ඉතාම රසට උයන්ට පිහන්ට පුළුවනි. ඈ ඉතාම ප්‍රණීත ලෙස කුමක් හෝ සූපව්‍යඤ්ජනාදිය සකසා දෙනවා.

දවසක් ඈ අසනීප වුණා. කවුරුත් නොසිතූ පරිදි කලුරිය කළා. මේ මහලු භික්ෂූන්ට මේ ගැන සිතේ දුක වාවාගන්ට බැරි තරම්. ඔවුන් පන්සල් ගෙයි පිටුපසට ගොහින් එකිනෙකා වැළඳගෙන "හප්පේ.... අපට වෙච්චි විපැත්තියක්. මිහිරි රසට දානෙ හදපු අපේ උපාසිකාවට මේ හදිසියේ ම මොකද්ද දෙයියනේ වුණේ" කිය කියා වැළපෙන්ට පටන් ගත්තා.

මොවුන්ගේ වැළපීම ඇතට ඇසුණා. භාවනානු-යෝගීව සිටි අනික් භික්ෂූන් වහන්සේලා කුමක් හෝ

බරපතල ඇබැද්දියක්වත් ද කියා වහා එතැනට වැඩියා.

"ඇවැත්නි.... මොකොද ඔය එකිනෙකාගේ බෙල්ල බදාගෙන කඳුළු වගුරුවමින් වැළපෙන්නේ?"

"හනේ.... ඇවැත්නි.... ඒක නොවැ.... බලන්ට.... අපේ මේ උන්නාන්සේගේ ගිහි කාලේ ගෙදර උන්දෑ, මිහිරි රසට දන් උයන අපේ උපාසිකාවෝ.... අයියෝ.... මළා නොවැ.... හප්පේ.... ආයිත් නම් එහෙම කටට රහට යමක් වළඳන්නේ කොහොම ද දෙයියනේ..."

එතකොට භික්ෂූන් වහන්සේලා දහම් කරුණු කියලා ඒ මහලු භික්ෂූන්ව අස්වසන්ට මහන්සි ගත්තා. එදා දම්සභා මණ්ඩපයට රැස් වූ භික්ෂූන් වහන්සේලා මේ මහළු භික්ෂූන්ගේ ශ්‍රමණාකල්පවලින් තොර ළාමක හැසිරීම ගැන කතා කරමින් සිටියා.

ඒ අවස්ථාවේ අපගේ භාග්‍යවතුන් වහන්සේ එතැනට වැඩම කොට වදාළා. භික්ෂූන් වහන්සේලා තමන් කතා කරමින් සිටි කරුණ භාග්‍යවතුන් වහන්සේට පවසා සිටියා. භාග්‍යවතුන් වහන්සේ මෙය වදාළා.

"මහණෙනි, ඔය පිරිස ඒ තැනැත්තීගේ කලුරිය කිරීම නිසා හඬා වැලපුනේ මේ ආත්මේ විතරක් නොවේ. ඉස්සර මේ පිරිස කපුටු යෝනියේ ඉපිද සිටිද්දී ඔය ස්ත්‍රිය කපුටියක් වෙලා සිටියා. ඒ කපුටී මුහුද මැද්දේ මැරිලා සිටියා. එතකොට කපුටෝ රංචුව ඇය බේරගන්ට මුහුදු වතුර බැහැර ඉහින්ට පටන් ගත්තා. නුවණැත්තන් නිසා ඔවුන්වත් අනතුරේ වැටෙන්ට යන එකෙන් බේරා ගත්තා" කියා මේ ජාතකය වදාළා.

මහණෙනි, ගොඩාක් ඉස්සර කාලෙක බරණැස්පුරේ බ්‍රහ්මදත්ත නමින් රජ්ජුරු කෙනෙක් රාජ්‍ය කරමින් සිටියා.

ඔය කාලේ බෝධිසත්වයෝ මහා සමුද්‍රයේ දේවතාවෙක් වෙලා උපන්නා. ඒ කාලෙම එක්තරා කපුටෙක් සිය බිරිඳ වන කපුටිත් සමග ගොදුරු සොයන්ට මුහුදෙන් ඈත රටකට ගියා. එදා ඒ පළාතේ මිනිස්සු මුහුදු වෙරලේ නාග දේවතාවුන්ට පූජාවක් තිබ්බා. කිරිබත් මාළු මස් සුරා ආදිය පූජා කොට පිටත් වෙලා ගියා.

මේ කපුටත්, කපුටිත් එතැනින් කිරිබත්, මස්මාළු ආදිය හොඳට කෑවා. සෑහෙන්ට සුරාත් තිබ්බා. මේ දෙන්නා හොඳට ම වෙරි වුණා. 'අපි මුහුදේ සෙල්ලම් කරමු' කියල දෙන්නා වෙරලේ ඉඳගෙන ගොඩට ගසන මුහුදු රැල්ලෙන් නාන්ට පටන් ගත්තා. එතකොට ලොකු මුහුදු රැල්ලක් ආවා. කපුටිව රැල්ලට හසුවෙලා මුහුදට ගසාගෙන ගියා. මාළුවෙක් ඇවිදින් කපුටිව ගිල්ලා. කාක්කාට දුක වාවා ගන්ට බැරිව 'මගේ පෙම්බර කපුටි මළෝ!' කියල විලාප දුන්නා. කපුටාගේ විලාපය ඇසූ බොහෝ කපුටෝ ඇවිත් කපුටාව වටකරගෙන වැලපෙන්ට සිදු වූ කාරණාව මොකක්දැයි විමසුවා. වෙරලේ නාද්දී මුහුදු රැල්ලකින් මුහුදට ගසාගෙන ගියා කියා හඬ හඬා කිව්වා. එතකොට සියලු කාක්කෝ එක්පැහැර මහා හඬින් හඬන්ට පටන් ගත්තා. ඔවුන් මෙහෙම කතාවුණා.

"හනේ.... අපට මේ මුහුදේ වතුර ටික මහ කජ්ජක්ද? අපි මුහුදු වතුර ඉහලා මුහුද හිස් කරමු. අපි අපේ එකීව සොයා ගම්මු!" කියල හැමෝම මුහුදට පාත්වෙලා කට පුරා ලුණුවතුර ගත්තා. ගෙනිහින් ඈතට අත් හැරියා. මුහුදු වතුරට ඔවුන්ගේ උගුර කට වියැලී ගියා. ගොඩබිමට ගිහින් වෙහෙස නිවාගත්තා. ටිකෙන් ටික ඔවුන්ගේ හනුත්, මුඛයත් වේලී ගියා. ඇස් රතු වුනා. ක්ලාන්ත වුනා. ඔවුන් මෙහෙම කතා වුණා.

"අයියෝ.... මිතුරනේ, අපි මුහුදු වතුර පිටතට රැගෙන ගිහින් ගිහින් දැම්මත්, මුහුදු වතුර ගත්තු තැනට ආයෙමත් වතුර පිරෙනවා නොවැ. මුහුද හිස් කොරන එක ලේසි වැඩක් නම් නොවේ" කියා මේ ගාථාව පැවසුවා.

අනේ අපේ හක්ක මෙයින් වියැලී ගොස් ඇත්තේ
ලුණු වතුරට අපේ කටත් වියැලී ගොස් ඇත්තේ
මුහුදු ජලය වීරිය ගෙන හිස් කළ යුතු ඇත්තේ
අනේ එහෙත් අඩුවෙන තැන ආයෙ වතුර ඇත්තේ

ඊට පස්සේ ඔවුන් කපුටිගේ ගුණ කියන්ට පටන් ගත්තා. 'අනේ.... අපේ සුදු කපුටී.... ඈ කොයිතරම් ලස්සනට හිටියා නේද හප්පේ.... ඇගේ හොටේ මොනතරම් අගේ ද! ඇගේ දෑස් වටකුරුවට දිලිසුනා නේද! ඇට මොනතරම් මිහිරි හඬක් ද තිබුනේ! අනේ.... ඈ තරම් පියකරු කපුටු ළඳක් කොහෙන් හොයම්දෝ!" කිය කිය වැලපුනා. එතකොට මේ කපුටන් ළාමක දෙයකට මුළාවෙලා මහා කරදරේක වැටී ඉන්නා බව සමුද්‍ර දේවතාවා දැක්කා. දැකලා භයානක රූපයක් පෙන්වා කපුටු රැළ මුහුදු වෙරලෙන් පිටතට එළවා ගත්තා. ඒ නිසයි ඔවුන්ට යහපතක් වුණේ.

මහණෙනි. එදා මුහුදේ ගසාගෙන ගිය කපුටී තමයි මෙදා එක් මහලු භික්ෂුවකගේ මිය ගිය පැරණි බිරිඳව සිටියේ. එදා ඒ කපුටිගේ කපුටු සැමියා තමයි මෙදා මහලු භික්ෂුව. අනික් කපුටු පිරිස තමයි මෙදා මහලු පැවිදි පිරිස. එදා කපුටන්ව බේරා ගැනීමේ අදහසින් භයකොට පළවා හැරිය සමුද්‍ර දේවතාවා වෙලා සිටියේ මම" යි කියා භාග්‍යවතුන් වහන්සේ මේ ජාතකය නිමවා වදාළා.

07. පුප්ඵ රත්ත ජාතකය

රතුපාට වස්ත්‍රය ගැන කතාව

පින්වතුනේ, පින්වත් දරුවනේ,

සසරේ හටගත් බැඳීම් ආත්ම ගණන් ගැට ගැසී යන ආකාරය හරි පුදුමයි. බැඳීම නැමැති භයානක ක්ලේශය නිසා ලෝක සත්වයා නැවත නැවතත් දුකට ම යි වැටෙන්නේ. එවැනි දුකට වැටෙමින් සිටි අයෙක් ආයෙමත් දුකට වැටෙන්ට සූදානම් වෙද්දී බුදුරජාණන් වහන්සේ ඔහුව බේරාගැනීම පිණිසයි මේ කතාව වදාළේ.

ඒ දිනවල අපගේ භාග්‍යවතුන් වහන්සේ වැඩ සිටියේ සැවැත්නුවර ජේතවනයේ. සැවැත්නුවර පැවිදි වී සිටි භික්ෂුවක් සිවුරු අත්හැර ගිහිවෙන්ට සූදානම් වෙද්දී භික්ෂූන් වහන්සේලා ඒ භික්ෂුව භාග්‍යවතුන් වහන්සේ ළඟට කැඳවාගෙන ගියා. භාග්‍යවතුන් වහන්සේ ඒ භික්ෂුවගෙන් ප්‍රශ්න කොට වදාළා. "සැබෑද භික්ෂුව.... සිවුරු අත්හැර ගිහිවෙන්ට ද සූදානම? ඇයි පැවිදි ජීවිතය එපා වුනේ?"

"එහෙමයි භාග්‍යවතුන් වහන්ස, මට හරි අගේට ව්‍යංජන උයා කටට රහට කන්ට දෙන පැරණි බිරිඳ නිතර මට නෝක්කාඩු කියනවා. ඈ දැන් තනිවෙලා අසරණව ලු ඉන්නේ. මටත් ඈව නිතර මතක් වෙනවා. ඈ නැතිව දැන් මටත් ඉන්ට අපහසු බව පේනවා."

"භික්ෂුව.... ඔබ දන්නවා ද කලින් ආත්මේ ඔය

ස්ත්‍රිය ඔබට කරපු හානිය. ඔබව මහා භයානක ඉරණමකට ඇදලා දැම්මා. ඒ ආත්මේ ඔය ස්ත්‍රිය නිසා ඔබට හුල ඉඳගන්ට සිද්ධ වුණා. හඬා වැලපි වැලපි මරණින් මත්තේ නිරයේ උපදින්ට සිද්ධ වුණා. ඔබ ඇයි එබඳු ස්ත්‍රියක්ව ම ආයෙමත් දූන් පතන්නේ?" කියා මේ ජාතකය වදාළා.

"මහණෙනි.... ගොඩාක් ඉස්සර කාලෙක බරණැස්පුරේ බ්‍රහ්මදත්ත නමින් රජ්ජුරු කෙනෙක් රාජ්‍ය කරමින් සිටියා. ඔය කාලේ බෝධිසත්වයෝ ආකාසවාසී දේවතාවෙක් ව උපන්නා. ඔය දවස්වල බරණැස්නුවර කාර්තිකෝත්සවය නමින් ඉල් පෝය රාත්‍රියට උත්සවයක් තිබුණා. ඒ වෙනුවෙන් බරණැස්නුවර දෙව්පුරයක් වගේ සරසලා තිබුණා. සියලු ජනයා උත්සව ක්‍රීඩාවන්ට ඇලී වාසය කළා.

බරණැස සිටි එක්තරා දුගී මිනිසෙකුට ගොරෝසු සලු දෙකක් තිබුණා. උත්සවේට යන්ට හිතාගෙන ඔහු ඒ වස්ත්‍ර හොඳට සේදුවා. සෝදලා සියදහස් ගණන් රැළි මතුවෙන්ට නමලා තිබ්බා. ඔහුගේ බිරිඳ ඔහුට මෙහෙම කිව්වා.

"අනේ මෙයා.... රතුමල්වලින් පාට කරපු රෙද්දක් හැඳගෙන, එවැනි ම රෙද්දක් ඇඟ දවටාගෙන ඔයාගේ කරට අතදාගෙන වැළඳගෙන කාර්තික උත්සවේදී රාත්තිරි වීදි දිගේ ඇවිද යන්ට මං හරිම ආසයි අනේ!"

"සොඳුරී.... ඔයාගේ ආසාව ඉෂ්ට කරන්ට මාත් කැමතියි. නමුත් දුප්පත් අපට රෙදි පාට කරන රතුකුසුම්භ මල් කොයින් ලබන්ට ද? ඔය තියෙන පිරිසිදු වස්ත්‍රය හැඳගෙන යමුකෝ"

"බෑ.... මට නම් බෑ. රතුකුසුම්භ මලින් පඬුගසාපු වස්තරයක් නැති නම් මට නම් යන්ට බෑ ඕං. හනේ.... මට

වාසනාව නැති හැටි කාර්තිකෝත්සවේට යන්ට.... ඔව්.... ඔයා එහෙනම් ඔය වස්තරේ වෙන එකියකට අන්දවා ගෙන එක්ක යන්ට"

"ඇයි සොඳුරී ඔයා මට ඔහොම වද දෙන්නේ? අපි කොහින් ද රතු කුසුම්භ මල් සොයාගන්නේ?"

"ඇයි අනේ.... දන්නැද්ද ඔයා? රජ්ජුරුවන්නේ කුසුම්භ මල් උයනේ ඕනෑ තරම් තියෙන්නේ කුසුම්භ මල්!"

"මේ.... සොඳුරී.... ඔයාට තේරෙන්නේ නැද්ද අනේ? එතැන රකුසන් අධිගෘහිත පොකුණ වගේ නොවැ. හැම තැනින් ම ආරක්ෂාව. ළං වෙන්ට ඇහැක් තැනැක් ද? මං කියන දේ අහන්ට.... ඔයා ඕවාට ආසා කරන්ට එපා.... අපට ලැබී තියෙන දෙයකින් අපි සතුටු වෙමුකෝ!"

"හහ්.... හනේ.... අන්ධකාර කලුවර රාත්‍රියකට භය නැති, වීරිය ඇති පුරුෂයෙකුට යන්ට බැරි තැනක් ඇතෙයි?"

මේ විදිහට ඒ ස්ත්‍රිය තම සැමියාව රජ උයනේ මල් සොරකම් කරගෙන එන්ට කියල නැවත නැවත ඇවිටිලි කරන්ට පටන් ගන්නකොට ක්ලේශ වසඟව සිටි ඒ පුද්ගලයාගේ සිතත් එයට නතු වී ගියා.

"හරි හරී.... ඔයා වෙනුවෙන් මොනාද මට ගෙනත් දෙන්ට බැරි. ඔයා සතුටින් ඉන්න.... මං ඔයාගේ ආසාව ඉෂ්ට කරන්නම්" කියලා මහ රෑ ජීවිත ආශාව අත්හැරලා පිටත් වුණා. රජ්ජුරුවන්ගේ කුසුම්භ මල් උයනේ වැට මැඩගෙන ඇතුලට රිංගුවා. රැකවල් කරන මිනිසුන්ට වැට කඩන සද්දේ ඇහුණා. "හොරෙක්! හොරෙක්!" කියල කෑ ගහන්ට පටන් ගත්තා. මිනිහා අහුවුණා. දැත් බැඳ පහර දි දී ගෙන ගියා. පසුවදා රජ්ජුරුවන් ඉදිරියට ගෙනාවා.

රජ්ජුරුවෝ උල හිඳුවන්ට නියම කළා.

ඔහුගේ දෑත් පිටුපසට බැඳ, වධක බෙර ගසමින් නගරයේ සංචාරය කරවා වධකස්ථානයට ගෙනගියා. උල හින්දෙව්වා. කපුටන් හිසේ වසා අඩියටි බඳු තුඩින් ඇස් උපුටා කන්ට පටන් ගත්තා. ඔය විදිහට බලවත් වේදනා විඳ විඳ ඒ වේදනා ගැන සිහි නොකොට, බිරිඳ රතු වතින් සැරසී තමාගේ ගෙල වැළඳගෙන කාර්තිකෝත්සවයේ රාත්‍රී ඇවිදින හැටි මෙනෙහි කරමින් ඒ අහිමි වූ දේ ගැන සිත සිතා මේ ගාථාව කිව්වා.

අයියෝ මා උල හිඳවූ කරුණට නම්
මගේ සිතේ දුකක් නැතේ
අඩියටි බඳු කපුටු තුඩින් ඇස් උපුටා
වද දෙන එක වගක් නැතේ
මගේ බිරිඳ රතු පාටින් සැරසීගෙන
මා සමගින් රෑ යන හැටි මතක් වෙතේ
ගෙල වට ඈ අත් දමාන යන්නට සිතූ
ගමන මට හිමිව නැතේ

කියමින් හඬ හඬා රාග සිතින් මරණයට පත්වෙලා නිරයේ උපන්නා. මේ සිදු වූ දෙය ආකාස දේවතාවා මහත් සංවේගයෙන් බලාගෙන සිටියා.

මහණෙනි, එදා උල හිඳ බිරිඳ ගැන සිහිකොට හඬා වැටී මිය ගොස් නිරයේ ඉපිද දුක් විඳි පුරුෂයාව සිටියේ මේ භික්ෂුවයි. එදා සිය සැමියාව සොරකමට පෙළඹූ ස්ත්‍රියව සිටියේ මේ භික්ෂුවගේ ගිහිකාලේ බිරිඳයි. ආකාසවැසි දේවතාවා වෙලා සිටියේ මම" යි කියා භාග්‍යවතුන් වහන්සේ මේ ජාතකය නිමවා වදාළා.

08. සිඟාල ජාතකය

බෝසත් සිවලාගේ කථාව

පින්වතුනේ, පින්වත් දරුවනේ,

ලෝකයේ සියලු දෙනාම පාහේ දුක් විඳින්නේ කෙලෙස් නිසයි. රාගාදි කෙලෙස් සිතේ හටගත් විට එයින් ලැබෙන ආශ්වාදය මෙනෙහි කරන්ට කැමති වෙනවා. ඒ තුලින් තමන්ට විඳින්ට සිදුවන භයානක ප්‍රතිවිපාක ගැන සිහි කරන්නේ නෑ. එතකොට කෙමනකට හසු වූ මාළුවන් වගේ ඔවුන් ඒ කෙලෙස්වලට හසු වී සතර අපා දුකට වැටෙන මාවතේ බැස ගන්නවා. භාග්‍යවතුන් වහන්සේ ලොව පහළ වී වදාලේ මේ බිහිසුණු ඉරණමින් සත්වයාව මුදා ගන්ට යි. දැන් කියැවෙන්නේ එබඳු කතාවක්.

ඒ දිනවල අපගේ භාග්‍යවතුන් වහන්සේ වැඩ වාසය කලේ සැවැත්නුවර ජේතවනයේ. ඔය කාලේ සැවැත්නුවර සිටි මහා ධනවත් සිටු පවුල්වලින් යොවුන් වයසේ තරුණ දරුවන් පන්සිය දෙනෙක් ඉතාම ශ්‍රද්ධාවෙන් ගෞතම බුදු සසුනේ පැවිදි වී සිටියා. මේ පැවිද්දෝ වාසය කලේ ජේතවනයේ කෙළවරේ තිබුනු කුටිවලයි.

දවසක් ඒ භික්ෂූන්ට මධ්‍යම රාත්‍රියේ පංචකාමගුණ නිශ්‍රිත රාගාදී කෙලෙස් හටගත්තා. එතකොට ඔවුන්ට ශ්‍රමණ ප්‍රතිපදාව අමතක වුණා. සිතේ උපන් සරාගී

කල්පනාවන් යළි සිහි කරන්ට කැමැත්තක් ඇති වුණා. ඒ මධ්‍යම රාත්‍රියේ අපගේ භාග්‍යවතුන් වහන්සේ ජේතවනයේ භික්ෂූන් වාසය කරන්නේ කවර මානසික ස්වභාවයකින් දැයි මහාකරුණාවෙන් බලා වදාළා. එතකොට අර භික්ෂූන්ගේ සිත්හි හටගෙන තිබෙන කාමරාගය නමැති කෙලෙස් ඇති බව මැනවින් පෙනී ගියා.

භාග්‍යවතුන් වහන්සේගේ මහා අනුකම්පාව ඉතාම අසිරිමත්. එකම පුතෙකු ඇති අදරැති මවක් වගේ, එකම ඇසක් ඇති පුරුෂයෙක් වගේ තමන් උදෙසා ගිහිජීවිතය අත්හැර පැවිදි වූ ශ්‍රාවකයන්ගේ යහපත් දියුණුවත්, රැකවරණයත් සලසා දෙනවා. තම ශ්‍රාවක භික්ෂූන් තුළ යම් කාලයක රාගාදී කෙලෙස් හටගන්නවා ද ඒවා තව දුරටත් පවතින්ට නොදී ඒ ඒ අවස්ථාවේ දී ම දුරු කරදැමීම පිණිස කෙලෙසුන්ට නිග්‍රහකොට නිවන් මගෙහි පිහිටුවනවා. ඒ කෙලෙස් සහිත අවස්ථාව භාග්‍යවතුන් වහන්සේට දැනෙන්නේ සක්විති රජ්ජුරුවන්නේ ඇතුළු නගරය භයානක සොරුන්ගේ ආක්‍රමණයකට ලක් වූ මොහොතක් හැටියටයි.

එදාත් මධ්‍යම රාත්‍රියේ ම භාග්‍යවතුන් වහන්සේ සුගන්ධ කුටියෙන් එළියට වැඩියා. අග්‍ර උපස්ථායක ආනන්දයන් වහන්සේ අමතා වදාළා. "ආනන්දයෙනි, ජේතවනයේ ඇතුළු කෙළවරේ කුටිවල සිටිනා සියලු භික්ෂූන්ව ගන්ධ කුටිය ඉදිරි ශාලාවට කැඳවන්ට."

"එහෙමයි ස්වාමීනී," කියා ආනන්දයන් වහන්සේ දොර යතුරත් රැගෙන කුටියක් ගානේ ගිහින් සියලු භික්ෂූන් කැඳෙව්වා. ඒ භික්ෂූන් සියලු දෙනාම එතැනට රැස්වුණා. භාග්‍යවතුන් වහන්සේ බුද්ධාසනයේ වැඩ සිටි මොහොතේ

උන්වහන්සේගේ සිරුරින් ඉතා අලංකාර බුද්ධ රශ්මි මාලාවක් විහිදෙන්ට පටන් ගත්තා. අහස් කුසේ විදුලිය නික්මෙන සෙයින් අති ශෝභමාන බුදුරැස් නික්මුනා. භික්ෂූන් වහන්සේලා මහත් ආදරයෙන් භාග්‍යවතුන් වහන්සේට වන්දනා කොට මහත් ගෞරවයෙන් යුතු සිතින් උන්වහන්සේට ළං වුණා. බ්‍රහ්මස්වර විහිදුවමින් භාග්‍යවතුන් වහන්සේ භික්ෂූන් අමතා වදාළා.

"මහණෙනි, බුදු සසුනේ පැවිදි වූ භික්ෂූන් තමන්ගේ සිතේ පහළවන අදහස් ගැන ඉතාම කල්පනාවෙන් ඉන්ට ඕනෑ. කාම විතර්ක, ව්‍යාපාද විතර්ක, විහිංසා විතර්ක යන මේ ළාමක අකුසල විතර්ක මෙනෙහි කිරීම කිසිසේත්ම නොකළ යුතුයි. සුළු වශයෙන් මේ කෙලෙස් උපන්නත් සුළු වශයෙන් නොවැ උපන්නේ කියා ගණන් නොගෙන සිටීම ඉතාම අනතුරුදායකයි. තමන්ගේ සිතේ කෙලෙස් කියන්නේ භයානක සතුරන් වගෙයි. සතුරෝ පුංචියි කියලා නෑ. ඉඩ ලැබුණු ගමන් විනාශයක් ම යි කරන්නේ. ඔය විදිහට අල්පමාත්‍ර අකුසලයක් වුණත් ඉඩක් ලද විට මහා විනාශයකට පමුණුවනවා. කෙලෙස් කියන්නේ හලාහල විස වගෙයි. සමේ හටගත් දදයක් වගෙයි. විෂ ඝෝර සර්පයෙකු දෂ්ට කළා වගෙයි. හෙණ පහරකින් හටගත් ගින්නක් වගෙයි. ළං වෙන්ට හොඳ නැති දෙයක්. සැකයෙන් ම බැලිය යුතු දෙයක්. උපන් සැණින් ම නුවණින් මෙනෙහි කරලා හරි, භාවනා බලයෙන් හරි වහාම බැහැර කළ යුතු දෙයක්. මොහොතකට වත් හදවතේ තබා නොගෙන නෙළුම් කොළයෙන් රූරා හැලෙන දිය බිංදුවක් වගේ බැහැර කළ යුතු දෙයක්.

"මහණෙනි, ඉස්සර කාලේ නුවණැති අය තමා තුළ හටගත් ස්වල්ප වූ ක්ලේශයටත් ගරහා නැවත කවදාකවත්

තමා තුළ නූපදවීමට ම සිතට ගෙන ඒ කෙලෙසුන්ට නිග්‍රහ කළා" කියා මේ ජාතකය වදාළා.

"මහණෙනි, ගොඩාක් ඉස්සර කාලෙක බරණැස්නුවර බ්‍රහ්මදත්ත නම් රජ්ජුරු කෙනෙක් රාජ්‍ය කරමින් සිටියා. ඔය කාලේ බෝධිසත්වයෝ සිවල් යෝනියේ ඉපදිලා එක්තරා වනයක ගං තීරයේ වාසය කළා. ඔය කාලේ වයසට ගිය ඇතෙක් ගංතෙරේ මැරී වැටිලා සිටියා. පෑවිල්ලට හසුවීම නිසා ඒ ඇත් කුණ පිටතින් හොඳට වේලී තිබුණා. බෝසත් සිවලා ආහාරයක් සොයා යද්දී මේ ඇත්කුණ දැකලා එයට ළංවුණා. 'මේ තියෙන්නේ මහා ගොදුරක්' කියලා සොඬින් හැපුවා. නගුලක් හැපුවා වගේ හයියට දැනුනා. මේකේ කන්ට දෙයක් නෑ කියලා කන හැපුවා. කුල්ලක කොණක් හැපුවා වගේ එතැනත් හයිවෙලා තිබුණා. ඊට පස්සේ බඩ සපා බැලුවා. අටුවක් සැපුවා වගෙයි. කකුලක් සපා බැලුවා. වංගෙඩියක් සැපුවා වගෙයි. වලිගය සපා බැලුවා. කොස්සක් සැපුවා වගෙයි. ගුද මාර්ගය සපා බැලුවා. එතැන විතරක් මෙලෙකට සැපුනා. 'මෙතනින් කන්ට පුළුවනි' කියලා එතැනින් කකා ඇත් කුණ ඇතුලට ගියා. ගිහින් ඇතාගේ වකුගඩු හදවත ආදිය කමින් ඇත්කුණෙන් ම ලේ බොමින් සිටියා. ඇත් කුණ ඇතුලේ කුඩා ගුහාවක් වගේ තිබුණා. ඉතින් සිවලාත් මේ ඇත්කුණට වහ වැටිලා වෙන තැනකට නොගිහින් බඩගිනි උනාම එතැනින් ම කකා එතැනම ලැගගෙන හිටියා. පෑවිල්ලෙන් හැමූ වියලි සුළඟිනුත්, හිරු රැසින් වූ තාපයත් නිසා ඇත් කුණ රැළි ගැසුනා. සිවලා ඇතුළුවුන ගුදමාර්ගය වැසී ගියා. සිවලා ඇත්කුණ ඇතුලේ සිර වුණා.

ඇත්කුණ ඇතුල මහා සැර ගඳකුයි මහා

අන්ධකාරයකුයි ඇති වුණා. සිවලාට දැනුනේ ලෝකාන්තරික නරකයට වැටුණා වගෙයි. ඇත්කුණ වේලෙද්දී මසුත් ලේත් වියළී ගියා. සිවලා හොඳට ම මරණ භයට පත් වුණා. හැම තැන ම පහුරු ගාමින් බේරිලා යන්ට තැනක් සෙව්වත් සොයා ගන්ට බැරි වුණා. හැළියක් ඇතුලේ දැමූ දෙයක් වගේ ඇත්කුණ ඇතුල තැම්බෙන්ට පටන් ගත්තා. ඔය අතරේ මහා වැස්සක් වහින්ට පටන් ගත්තා. එතකොට ඇත්කුණ බුරුල් වුණා. කලින් තත්වයට හැරුනා. ගුද මාර්ගයෙන් චූටි සිදුරක් පේන්ට පටන් ගත්තා. මේ සිදුරින් තරු එළියක් වගේ එළිය පෙනුනා. 'යාන්තම් මට ජීවය ලැබුණා' කියලා සිවලා වේගයෙන් පිටතට පනින්ට තම හිසෙන් පහර දීලා ගුදමාර්ගයෙන් අමාරුවෙන් එළියට පැනගත්තා. වැහැරී ගිය සිරුර නිසා සිවලාගේ සියලු ලොම් ඇතාගේ ගුදමාර්ගයේ ඇලී ගැලවී ගියා. දැන් සිවලාගේ ඇඟේ එක මවිල් ගහක් නෑ. තැතිගත් සිතෙන් මඳ දුරක් දුවලා නැවතී තමන්ගේ සරීරයට මොකද්ද මේ වුනේ කියා බැලුවා. "හප්පා.... මදෑ කොරගත්තු හරිය.... මට මේ විපැත්තිය වුණේ වෙන දෙයක් නිසා නොවෙයි. ලෝභය නිසා ම යි. කෑදරකොම නිසා ම යි. තෘෂ්ණාව නිසා ම යි. මෙතැන් පටන් මං කවරදාකවත් මෙවැනි ලෝභකමක් ඇති කරගන්නේ නෑ නෑ ම යි. ආයෙත් නම් ඇත්කුණක් ඇතුලට රිංගන්නේ නෑ නෑ ම යි" කියලා මහත් සංවේගයෙන් මේ ගාථාව කිව්වා.

අනේ අපොයි මං ආයෙත් නං
ලෝභකමක් ඇති කරගන්නේ නෑ
කෑදරකම මෙලෙසින් නොතිබුනි නං
මෙවැනි විපත් සිදුවන්නේ නෑ
හප්පේ මරණෙට භය වුණු තරමක්

හිතනකොටත් හිත පිහිටන්නේ නෑ
ඇත් කුණකට නං රිංගා යාමක්
කවදාවත් මං කරගන්නේ නෑ

මහණෙනි, එදා පටන් බෝසත් සිවලා වෙනත් මැරුණු ඇතෙකුගේ කුණ දිහාවත් මොහොතකටවත් නැවතී බැලුවේ නෑ. එදා පටන් ලෝභකම සිතේ පවත්වන්ට දුන්නේ නෑ. තමා තුළ හටගන්නා මේ ළාමක සිතුවිලි වැඩෙන්ට නොදී ඒ ඒ තැන ම නිග්‍රහ කොට නැති කරදමන්ට ම යි ඕනෑ' කියා චතුරාර්ය සත්‍ය ධර්මය දේශනා කොට වදාළා. ඒ දේශනාවේ කෙළවර ඒ පන්සියයක් භික්ෂූන් වහන්සේලා ම උතුම් අර්හත්වයට පත් වුණා. එදා මහත් දුකක් විඳි සිඟාලයා වෙලා සිටියේ මම" යි කියා භාග්‍යවතුන් වහන්සේ මේ ජාතකය නිමවා වදාළා.

09. ඒකපණ්ණ ජාතකය
තිත්ත වූ එක කොහොඹ කොළේ කථාව

පින්වතුනේ, පින්වත් දරුවනේ,

නපුරුකම, දුෂ්ටකම කාටවත් ම ගැලපෙන්නේ නෑ. කුඩා අවදියේ පටන් කෙනෙකුගේ නපුරුකම තිබුණොත් ඒ නිසාම ඒ තැනැත්තා හැම දෙනාගේ ම පිළිකුළට පාත්‍ර වෙනවා. එබඳු අයෙක් භාග්‍යවතුන් වහන්සේගේ උපකාරයෙන් මැනවින් හික්මී ගිය ආකාරයයි මේ කතාවෙන් කියැවෙන්නේ.

ඒ දිනවල අපගේ භාග්‍යවතුන් වහන්සේ වැඩ සිටියේ විශාලා මහනුවර මහාවනයේ කූටාගාර ශාලාවේ. ඒ කාලේ විශාලා මහනුවර ගවුවක් ගවුවක් ගානේ දුරකින් මහනගරය වටේට ප්‍රාකාර තුනකින් වටකරලා තිබුණා. නගරයට ඇතුළුවන ප්‍රධාන දොරටු සතර ගෝපුර අට්ටාල ආදියෙන් ඉතා අලංකාරව කැටයම් කරලා තිබුණා. ඒ නගරයේ හත්දහස් හත්සිය හතක් රජවරු සිටියා. එපමණ ම යුවරජවරුත් සිටියා. එපමණ සෙන්පතිවරුත් භාණ්ඩාගාරිකවරුත් සිටියා. ඒ රාජකුමාරවරුන් අතරේ එක්තරා රාජකුමාරයෙක් සිටියා. ඔහු වහා කිපෙන සුළුයි. සැඩ පරුෂයි. නපුරුයි. ප්‍රචණ්ඩයි. දණ්ඩෙන් පහර කෑ සර්පයෙක් වගේ හැම තිස්සේ ම කිපුණු ගමන් සිටියේ. මොහු ඉදිරියේ වචන දෙක තුනක්වත් කෙලින් කතා

කරන්ට පුළුවන් කෙනෙක් සිටියේ නෑ. ඒ නිසාම මොහුට නම වැටිලා තිබුනේ දුෂ්ටකුමාරයා කියලයි. මොහු සිය මාපියන්ටවත්, ඤාතීන්ටවත්, යාළුමිත්‍රයන්ටවත් අවනත වුණේ නෑ.

මොහුගේ මව්පියන් දවසක් මෙහෙම සිතුවා. "අපගේ පුත්කුමාරයාගේ ගතිගුණ නම් ඉතා භයානකයි. හරිම දරුණුයි. කාගේවත් වචනයකට අවනත නෑ. අපගේ භාග්‍යවතුන් වහන්සේ හැර මොහුව හික්මවන්ට ඇහැක් කෙනෙක් මේ දඹදිව ඉන්නවා කියලා අපි නම් හිතන්නෙ නෑ." මෙහෙම හිතලා තම පුතා කැඳවාගෙන භාග්‍යවතුන් වහන්සේ ළඟට ගියා. ගිහින් වන්දනා කොට තම පුතු දක්වා මෙහෙම කිව්වා.

"ස්වාමීනී, භාග්‍යවතුන් වහන්ස, අපේ මේ කුමාරයා හරිම නපුරුයි. සැඩපරුෂයි. නිතරම ක්‍රෝධයෙන් ඇවිල ගිය ගමන් ඉන්නේ. අනේ ස්වාමීනී.... මොහුට පිහිට වන සේක්වා!"

භාග්‍යවතුන් වහන්සේ කුමාරයාට අවවාද කොට වදාළා.

"පින්වත් දරුව.... මනුෂ්‍යයෙක් වුනාම සැඩපරුෂ රෞද්‍ර භාවය ඇති කරගන්ට හොඳ ම නෑ. තමන් බිහි කළ මෑණියන්ටත් ඔහුව එපා වෙනවා. තමන්ව ජාතක කළ පියාටත් ඔහුව එපා වෙනවා. සහෝදර සහෝදරියන්ටත් ඔහුව එපා වෙනවා. නෑ හිතමිතුරන්ටත් ඔහුව එපා වෙනවා. ඔහුව ඇසුරු කරන්ට භය වෙනවා. ඇයි ඔහුව අනිත් අයට පෙනෙන්නේ දෂ්ට කරන්ට ආ භයානක සර්පයෙක් වගේ නොවැ. කැලෙන් ආපු සොරෙක් වගේ, කන්ට ආපු සතෙක් වගේ ඔහුව පේන්නේ.

පුත්‍රය.... ක්‍රෝධ හරිත පුද්ගලයා කොපමණ ලස්සනට හැඳ පැළඳගෙන සිටියත් ඔහු ලස්සන නෑ. පුන්සඳක සිරියාවෙන් මුහුණ තිබුණත් ක්‍රෝධය නිසා විරූපී වෙනවා. ක්‍රෝධය නිසා ආයුධයෙන් තමන්ට ම පහර ගහගන්න අය ඉන්නවා. වස කන අය ඉන්නවා. බෙල්ලේ වැල දාගන්න අය ඉන්නවා. ප්‍රපාතවලින් පනින අය ඉන්නවා. අනුන් වෙහෙසන කෙනා මෙලොවදී ම ගැරහීමට පත් වෙනවා. මැරුණට පස්සේ නරකාදියේ උපදිනවා. මනුස්ස ආත්මයක උපදින්ට ලැබුණොත් කුඩා කල පටන් ම ලෙඩ දුකින් පෙළෙන්ට වෙනවා. රෝග පීඩාවලින් නිදහස් වෙන්නේ නෑ. හැම තිස්සේ ම දුකින් ඉන්ට වෙනවා. එනිසා පුත්‍රය.... අදපටන් හැම සත්වයෙක් කෙරෙහි ම මෛත්‍රී සිත පවත්වන්ට. එතකොට සතර අපා භයෙන් පවා නිදහස් වෙන්ට පුළුවනි.

දුට්ඨකුමාරයා දෑත් එක්කොට වන්දනා කරගෙන භාග්‍යවතුන් වහන්සේ වදාළ හැම දෙයක් ම හොඳින් අසාගෙන සිටියා. භාග්‍යවතුන් වහන්සේට වන්දනා කොට පිටත් වුණා. හරි පුදුමයි! එදා පටන් මේ කුමාරයා බලවත් මෙත් සිතකින් වාසය කළා. මොනම හේතුවක් නිසාවත් තමන්ට කොයිතරම් හිරිහැර, නින්දා අපහාස කළත්, තරහ සිතින් හිස ඔසොවා බැලුවේ නෑ. දළ ගලවපු නාගයෙක් වගේ අතිශයින් ම නිහතමානීව, අහිංසකව වාසය කළා.

මොහුගේ මේ වෙනස ගැන හැම තැන ම ආරංචි වුණා. දම්සභා මණ්ඩපයේ රැස් වූ භික්ෂූන් වහන්සේලා මේ ගැන කතා කරමින් සිටියා.

"ඇවැත්නි.... හරි ආශ්චර්යයි නේද? ඔය දුෂ්ඨකුමාරයාව කාටවත් ම මෙල්ල කරගන්ට බැරිවලු

හිටියේ. හරි දරුණුයි ලු. නමුත් අපගේ සම්මා සම්බුදුරජාණන් වහන්සේගේ එක ම අවවාදයෙන් දමනය වුනා. විෂ ගතිය නැති වුණා. මද කිපුන හස්තිරාජයෙක් ශාන්ත වුණා වගේ. භාග්‍යවතුන් වහන්සේ වදාළේ මොනතරම් සුභාෂිතයක් ද! භාග්‍යවතුන් වහන්සේ මෙසේ වදාළා නොවැ.

"මහණෙනි, අශ්වයන් දමනය කරන්නා තමා දමනය කරන අශ්වයාව දුවවන්නේ එකම දිසාවකට යි. එක්කෝ නැගෙනහිරට හෝ බටහිරට හෝ උතුරට හෝ දකුණටයි. ඇත්තු දමනය කරන්නාත්, ගවයන් දමනය කරන්නාත් ඒ වගේ ම යි. පුරුෂ දම්ම සාරථී වූ තථාගත අර්හත් සම්මා සම්බුදු රජාණන් වහන්සේ අට දිසාවේ ම දුවන සත්වයන් දමනය කරනවා." ඒ නිසා ඇවැත්නි, භාග්‍යවතුන් වහන්සේ අන්‍යයන් දමන කිරීමෙහිදී අද්විතීය යි. අතුල්‍ය යි. අසමසම යි"

ඒ අවස්ථාවේ අපගේ භාග්‍යවතුන් වහන්සේ එතැනට වැඩම කොට වදාළා. භික්ෂූන් වහන්සේලා තමා කතාකරමින් සිටි කරුණ සැලකළා. භාග්‍යවතුන් වහන්සේ මෙය වදාළා.

"මහණෙනි, මාගේ අවවාදයෙන් ඔය කුමාරයා දමනය වුණේ මේ ආත්මයේ විතරක් නොවෙයි. මීට කලින් ආත්මෙකත් දමනය වෙලා තියෙනවා" කියා මේ ජාතකය වදාළා.

"මහණෙනි, ගොඩාක් ඉස්සර කාලෙක බරණැස්පුරේ බ්‍රහ්මදත්ත නමින් රජ්ජුරු කෙනෙක් රාජ්‍ය කරමින් සිටියා. ඔය කාලේ බෝධිසත්වයෝ උසස් බ්‍රාහ්මණ පවුලක පුතෙක් වෙලා උපන්නා. තරුණ වයස

එද්දී තක්සිලාවට ගොහින් ත්‍රිවේදය ඉගෙන ගෙන ගෙදර ආවා. ටික කාලයක් ගිහිගෙදර වාසය කළා. මව්පියන් ඇවෑමෙන් හිමාලයට ගොහින් සෘෂි පැවිද්දෙන් පැවිදි වෙලා ධ්‍යාන, අභිඤ්ඤා, සමාපත්ති, උපදවා ගත්තා. ඔහොම හිමාල වනයේ කාලයක් වාසය කරලා ලුණු ඇඹුල් සෙවීම පිණිස නගරයට ආවා. රාජ උද්‍යානයේ නැවතිලා මනා සංවරයෙන් යුක්තව තාපස ආකල්ප ඇතුව හොඳින් පොරවා ගත් කාෂාය වස්ත්‍ර ඇතිව පිඬුසිඟා යෑම පිණිස රජ මිදුල මැදින් ගමන් කළා.

රජතුමා සී මැදුරු කවුළුවෙන් බලා සිටිද්දී මේ තාපසතුමාව දකින්ට ලැබුණා. "ම්.... බොහොම ශාන්ත ගමනින් වඩින තාපසින්නාන්සේ නමක්.... ඕ.... හෝ.... බොහෝම සංවරයි. වටපිට බැලීමක් නෑ. වියතක් පමණ දුරින් බිම බලාගෙන, ඉතාම තැන්පත් ලීලාවෙකින්, මනා සන්සුන් ගමනින්, ශාන්තව පියවර තබමින් වඩිනා මේ තාපසතුමා නම් කිසියම් දියුණුවක් ලබා ඇති අයෙක් බවයි පෙනෙන්නේ." කියලා කල්පනා කොට එතැනට සිටිය ඇමතියෙකු දිහා බැලුවා.

"දේවයන් වහන්ස, මොකක්ද කෙරෙන්ට ඕනෑ?"

"අමාත්‍යය, අර වඩින තාපසතුමාව මෙහෙට කැඳවාගෙන එන්න."

"එසේය, දේවයන් වහන්ස" කියල ඇමතියා වහා බෝසත් තවුසා ළඟට ගිහින් වන්දනා කොට භික්ෂා පාත්‍රය ඉල්ලා ගත්තා.

"ඇයි පින්වත" "ස්වාමීනී, අපගේ රජ්ජුරුවන් වහන්සේ වැඩම කරන්ට කීවා" "පින්වත, මං රාජකුලුපග

කෙනෙක් නොවේ. මං හිමාලයේ වාසය කරන කෙනෙක්" එතකොට ඇමැතියා මේ කාරණය රජතුමාට සැළකළා. රජතුමා මෙහෙම කිව්වා. "ඇමතිය, අපටත් වෙනත් කුලූපග තාපසයෙක් නෑ. ඒ නිසා වඩින්ට කියන්ට" එතකොට ඇමතියා ගිහින් බෝධිසත්වයන්ට නැවතත් ආරාධනා කොට මාළිගාවට කැඳවා ගත්තා.

රජතුමා බෝධිසත්වයන්ට වන්දනා කොට සුදු සේසත යට රාජාසනේ වඩා හිඳුවා තමා උදෙසා පිළියෙල කළ රාජභෝජන වැළඳෙව්වා. "ස්වාමීනී, ඔබවහන්සේ වැඩ වාසය කරන්නේ කොහේද?" "මහරජ, අපි හිමාලයේ සිටින අය." "මෙහෙ කොහේ වඩින ගමන් ද?" "වස්සානය ගත කරන්ට ගැලපෙන සේනාසනයක් සොයමින් යනවා රජතුමනි."

"එහෙමනම් ස්වාමීනී, අපගේ උයනේ වැඩ වසන්ට. අපි උපස්ථාන කරන්නම්" කියලා රජ්ජුරුවෝ තමන් ම උයනට කැඳවාගෙන ගිහින් කුටියක් කරවා වාසය කෙරෙව්වා. සක්මන් මලු කරවා දුන්නා. පැවිදි පිරිකර සපයා දුන්නා. උයන්පල්ලාට භාර දුන්නා.

එදා පටන් බෝධිසත්වයෝ උයනේ වාසය කළා. රජතුමා දවසට දෙතුන්වතාව තාපසයන්ට උපස්ථාන කරන්ට යනවා. මේ රජතුමාටත් පුත් කුමාරයෙක් ඉන්නවා. ඔහුගේ නම දුෂ්ටකුමාරයා. මොහු ඉතාම රෞද්‍රයි. නපුරුයි. ප්‍රචණ්ඩයි. පුරෝහිත, අමාත්‍ය, ගෘහපති කාටවත් මොහු අවනත නෑ. සියලු දෙනා ම මේ කුමාරයාගේ නපුරුකම ගැන කණස්සල්ලෙන් සිටියේ. දවසක් රජතුමා මෙහෙම සිතුවා. "මගේ ආර්ය වූ සීලවන්ත තාපසින්නාන්සේ හැර මේ කුමාරයාව මෙච්චල් කරන්ට පුළුවන් වෙන කෙනෙක්

නම් නෑ. ඒ නිසා කුමාරයාව උන්නාන්සේට පෙන්වන්ට ඕනෑ."

ඉතිං රජ්ජුරුවෝ කුමාරයාව අරගෙන බෝධිසත්වයෝ ළඟට ගියා. කුමාරයා ලවා වන්දනා කෙරෙව්වා. "අනේ ස්වාමීනී.... අපේ මේ කුමාරයා හරිම නපුරුයි. සැඩපරුෂයි. අපට තාම බැරි වුණා නොවැ මෙයාව යහපතට කීකරු කරගන්ට. අහෝ ඔබවහන්සේවත් මේ දරුවාව මොන යම් උපායකින් හරි හික්මවා දෙන්ට" කියලා බෝධිසත්වයන්ට භාර දීලා පිටත් වෙලා ගියා.

බෝධිසත්වයෝ කුමාරයා සමඟ උයනේ ඇවිද ඇවිද ගියා. එහෙම යන අතරේ ඉතා ම කුඩා පත්‍ර දෙකක් ඇති කොහොඹ පැළයක් දැකලා කුමාරයාට මෙහෙම කිව්වා. "කුමාරය, අර පැළයේ කොළයක් කාලා බලා ඇහැක් නම් මොන රසදැයි කියන්න" "එතකොට කුමාරයා එක් කොහොඹ කොළයක් කඩා කටේ දමා සැපුවා. සැණෙකින් 'තුහ්' කියා කෙළ ගසා ඉවත් කළා. "ඇයි කුමාරය, මක් වුණා ද?" "අනේ ස්වාමීනී, මේක හලාහල විස වගේ කොළ ඇති ගසක්. මේ ගස ලොකු වුණොත් මේවා කාලා බොහෝ මිනිස්සු මැරේවි" කියලා ඒ කොහොඹ පැළය උදුරලා ඉවත් කොට මේ ගාථාව කිව්වා.

සතරඟුලක් වත් විතරක් උස නෑ නොවැ මේ ගස
තිබෙන්නෙ එක කොළේ නමුත් එහි ඇත්තේ මහ විස
මේ කොළ කෑවොත් ලැබෙන්නේ අපට හලාහල විස
ලොකු උනොතින් මේ පැළේ රටට ම පැතිරේ විස

කියලා ඒ පැළේ පාගලා පොඩි කරලා විනාශ කළා. එතකොට බෝධිසත්වයෝ මෙහෙම කිව්වා.

"ඒකනේ කුමාරය, බලන්ට.... ඔබ තවම කොහොඹ පැළේ වගේ ඉතා ම කුඩයි. දැන් ම තිත්තයි, දරුණුයි. මේ පැළේ ලොකු වුනොතින් මහා විනාශයක් වේවි කියල මුලින් ම පාගා පොඩිකොට විනාශ කොට දැම්මා නොවැ. අන්න ඒ වගේම තමයි කුමාරය, ඔබ ගැනත් මිනිස්සු ඔය විදිහට සිතුවොත්. ඒ කියන්නේ මිනිස්සු මෙහෙම හිතුවොත් 'දැන් ම පුංචිකාලේ මේ කුමාරයා හරි ම දරුණුයි. සැඩ පරුෂයි. ලොකු වෙලා රජකමට පත් වූ දවසට අපට කුමක් කරාවිද? කියල ඔබට පරම්පරාවෙන් උරුම රජකම නොදී කොහොඹ පැළේ ඉවත් කළා වගේ රටින් පිටුවහල් කෙරුවොත් හරි වැඩේ නොවැ වෙන්නේ. ඒ නිසා අපේ කුමාරයා කොහොඹ පැළේට විරුද්ධ පැත්ත ගන්ට. මිහිරි සෞම්‍ය ගුණයෙන් යුක්ත වෙන්ට. මෙත් කරුණා දයාවෙන් යුක්ත වෙන්ට"

එදා පටන් කුමාරයා නිහතමානී වුණා. විස රහිත වුණා. ඉවසීමෙන් දයාවෙන් කරුණාවෙන් යුක්ත වුනා. බෝධිසත්වයන්ගේ අවවාදයේ පිහිටි ඒ කුමාරයා පියරජුගේ ඇවෑමෙන් රජවෙලා ඉතා දැහැමි රජෙක් වුණා.

මහණෙනි, එදා දුෂ්ට කුමාරයාව සිටියේ ඔය ලිච්ඡවී කුමාරයා. රජතුමාව සිටියේ අපගේ ආනන්දයෝ. යහපත් වෙන්ට අවවාද දුන් තාපසයා උනේ මම" යි කියා භාග්‍යවතුන් වහන්සේ මේ ජාතකය නිමවා වදාළා.

10. සඤ්ජීව ජාතකය

සඤ්ජීව තරුණයාගේ කථාව

පින්වතුනේ, පින්වත් දරුවනේ,

ඒ දිනවල අපගේ භාග්‍යවතුන් වහන්සේ වැඩ සිටියේ රජගහනුවර වේළුවනේ.

රජගහනුවර සිටි බිම්බිසාර රජතුමා භාග්‍යවතුන් වහන්සේගෙන් ධර්මය අසා සෝවාන් ඵලයට පත් වුණා. නමුත් ඒ රජතුමාගේ පුත්‍ර වූ අජාසත් කුමාරයාව වේලාසනින් ම හාස්කම් පෙන්නලා පහදවාගන්ට දේවදත්තට පුළුවන් වුණා. අජාසත් කුමාරයා දේවදත්ත ගැන හොඳටම පැහැදුනා. දේවදත්ත යනු අසත්පුරුෂ දුස්සීල පව්ටු පුද්ගලයෙක් බව අජාසත්තට වටහා ගන්ට බැරි වුණා. අජාසත් දේවදත්තට බොහෝ සත්කාර සම්මාන කළා. බොහෝ ධනය වියදම් කොට ගයා ශීර්ෂයේ ඉතා අලංකාර පන්සල් ගෙයක් තනවා දුන්නා.

දේවදත්තගේ බසට නොමග ගිය අජාසත් රජකම ලබාගෙන තමන්ගේ ධාර්මික පියාව ඝාතනය කොට ආනන්තරික පාප කර්මය උපදවා ගත්තා. තමන්ට සෝවාන් මගඵල ලබන්ට තිබුණු වාසනාව පවා වනසා ගත්තා. මහා අවාසනාවන්ත පුද්ගලයෙක් බවට පත් වුණා.

දේවදත්ත පොළොව පලාගෙන නිරයේ ගිය

බව අජාසත් රජුට අසන්ට ලැබුණා. එදා ඔහු සලිත වෙලා ගියා. මාවත් පොළොව පැලී නිරයේ යාවි දැයි මහත් භීතියකින් වාසය කළා. රජ සැපක් ලැබුවේ නෑ. සැනසිලිදායක නින්දක් ලැබුණේ නෑ. හැම තිස්සේ ම ඔහුට මැවි මැවී පෙනුනේ පොළොව පැලී ගොසින් ගිනි දැල් මතුවෙලා තමාවත් පොළොවේ ගිලී යාවි කියලයි. යකඩ යවුල්වලින් ඇනුම් කනවා වගේ දැනුනා. ගුටිකාපු කුකුලෙක් කම්පා වෙවී සැලි සැලී ඉන්නවා වගෙයි ඔහු සිටියේ. භාග්‍යවතුන් වහන්සේව බැහැදකින්ටත් සමාව ගන්ටත් දහම් කරුණු අසන්ටත් ඔහුට හොඳටම ඕනෑකම තිබුණා. නමුත් තමන් කළ අපරාධයේ බරපතලකම නිසා භාග්‍යවතුන් වහන්සේව බැහැදැකීමට හැකියාවක් තිබුණේ නෑ.

එක් ඉල් මහේ පොහෝ දවසක රජගහනුවර දෙව්පුරයක් වගේ සරසා තිබුණා. අජාසත් රජු ඇමැතිවරු පිරිවරාගෙන රන් ආසනේ වාඩිවී සිටියා. ජීවක කෝමාරභච්ච වෛද්‍යතුමාත් රජුට නුදුරින් වාඩිවී සිටිනවා දැකලා මෙහෙම හිතුවා.

"මං ජීවකත් එක්ක භාග්‍යවතුන් වහන්සේව බැහැදකින්ට යන්ට ඕනෑ. නමුත් මට ඒක මොහුගෙන් කෙලින් අහන්ට බැහැ. කිසියම් උපායකින් මං එතැනට එන්ට ඕනෑ" කියලා අජාසත් රජු කතාව මෙහෙම පටන් ගත්තා.

"භවත්නි, හැබෑටම අද හරි අපූරු රාත්‍රියක් නොවැ. භවත්නි, හැබෑට ම ඉතා පැහැදිලි, දොස් රහිත අහසින් යුතු සුන්දර රාත්‍රියක් නොවැ. හැබෑටම භවත්නි, අද නම් ඉතාම දැකුම්කලු රාත්‍රියක්. මෙවැනි සුන්දර රැයක මොන

වගේ ශ්‍රමණයෙක් ව බ්‍රාහ්මණයෙක් ව බැහැදකින එක ද හොඳ? කව්රු ඇසුරු කිරීමෙන් ද අපට සිත පහදවා ගන්ට ඇහැක් වෙන්නේ?"

එතකොට ඇමතියෙක් පූරණකස්සප ගැන ගුණ කියන්ට පටන් ගත්තා. තව කෙනෙක් මක්කලී ගෝසාල ගැනත්, තව අයෙක් අජිත කේශකම්බල ගැනත්, තවත් කෙනෙක් සඤ්ජය බෙල්ලට්ඨිපුත්ත ගැනත්, තව කෙනෙක් නිගණ්ඨ නාථපුත්ත ගැනත් ගුණ කියන්ට පටන් ගත්තා. රජ්ජුරුවෝ ඒ හැම දෙයක් ම නිශ්ශබ්දව අසාගෙන සිටියා. රජ්ජුරුවෝ ජීවක දිහා බැලුවා.

"මිත්‍ර ජීවක... ඇයි ඔබ නිහඬව ඉන්නේ ? ඔබගේ කතාවත් මං අහන්ට සතුටුයි."

එතකොට ජීවක වෙදතුමා අසුනින් නැගිට්ටා. භාග්‍යවතුන් වහන්සේ වැඩසිටින දිසාවට වන්දනා කරගත්තා "දේවයන් වහන්ස, ඒ භාග්‍යවත් වූ අරහත් වූ සම්මා සම්බුදුරජාණන් වහන්සේ අපගේ අඹ වනයේ වැඩ වසන සේක. උන්වහන්සේත් සමඟ එක්දහස් දෙසිය පණසක් පමණ වූ ආර්ය මහා සංඝරත්නයත් වැඩ වසන සේක" කියලා භාග්‍යවතුන් වහන්සේගේ අර්හත් ආදී නව ගුණයන් පවසා "දේවයන් වහන්සේ අප භාග්‍යවතුන් වහන්සේව ඇසුරු කළ මැනව. දහම් ඇසුව මැනව. ප්‍රශ්නත් විචාල මැනව" කියා කිව්වා.

අජාසත් රජු සිත සිතා සිටි දෙයක් ම යි දැන් කියවුනේ. රජතුමා ඉතා සතුටින් මෙහෙම කිව්වා. "බොහෝම අගෙයි මිත්‍ර ජීවක. හරි.... යානා පිළියෙල කරවන්ට. අපි දැන්ම පිටත් වෙන්ට ඕනෑ." කියලා මහත් රාජානුභාවයෙන් ජීවකගේ අඹ වනයට ගියා. ගිහින් ඉතා

ම ශාන්තව වැඩ වසන අපගේ භාග්‍යවතුන් වහන්සේවත්, භික්ෂු සංඝයාවත් බැහැදැක්කා. එම හමුවීමේදී භාග්‍යවතුන් වහන්සේ අජාසත් රජුට සාමඤ්ඤඵල සූත්‍ර දේශනාව වදාළා. අජාසත් රජු බොහොම සතුටට පත් වුණා. භාග්‍යවතුන් වහන්සේගෙන් සමාව අරගෙන පැදකුණු කොට පිටත්ව ගියා. රජු පිටත්ව ගිය ටික වේලාවකින් භාග්‍යවතුන් වහන්සේ භික්ෂු සංඝයා අමතා වදාළා.

"මහණෙනි, මේ රජු තමා තුළ ධර්මාවබෝධයට තිබූ පින සාරාගෙන සිටින කෙනෙක්. මේ රජු දහම දකින්ට තිබුණ පින වනසාගත්තු කෙනෙක්. හුදෙක් ප්‍රධානත්වයට, යසඉසුරුවලට ඇති ආශාවෙන් ධාර්මික, දැහැමි රජෙක් වූ සිය පියාව නොමැරෙව්වා නම් අද වාඩි වී සිටි අසුනේ ම සෝවාන් ඵලයට පත් වෙන්ට තිබුණා. නමුත් දේවදත්ත නමැති අසත්පුරුෂයාගේ ග්‍රහණය නිසා මොහු ඒ සුදුර්ලභ වාසනාවෙන් පිරිහී ගියා."

පසුවදා දම්සභා මණ්ඩපයේදී භික්ෂූන් වහන්සේලා අසත්පුරුෂ දේවදත්තගේ ඇසුරින් අජාසත් රජුට වූ මහත් හානිය ගැන කතා කරමින් සිටියා. ඒ අවස්ථාවේ භාග්‍යවතුන් වහන්සේ එතැනට වැඩම කොට වදාළා. භික්ෂූන් වහන්සේලා තමන් කතාකරමින් සිටි කරුණ භාග්‍යවතුන් වහන්සේට සැළකළා. භාග්‍යවතුන් වහන්සේ මෙය වදාළා.

"මහණෙනි, අජාසත් රජු අසත්පුරුෂයන්ගේ ග්‍රහණයට, ඇසුරට වැටීමෙන් මහා විනාශයට පත් වුණේ මේ ආත්මයේ විතරක් නොවේ. මීට කලින් ආත්මයකත් විශාල විනාශයක් කරගත්තේ අසත්පුරුෂ ආශ්‍රයෙන් ම යි" කියා මේ ජාතකය වදාළා.

"මහණෙනි, ගොඩාක් ඉස්සර කාලෙක බරණැස් පුරේ බ්‍රහ්මදත්ත නමින් රජ්ජුරු කෙනෙක් රාජ්‍ය කරමින් සිටිද්දී බෝධිසත්වයෝ මහා ධනවත් බ්‍රාහ්මණ පවුලක උපන්නා. තක්සිලාවට ගිහින් සියලු ශිල්ප හදාරලා බරණැසට ඇවිත් දිසාපාමොක් ආචාර්යපාදව සිට පන්සියයක් තරුණයන්ට ශිල්ප ඉගැන්නුවා. ඒ තරුණයන් අතර සංජීව නමින් තරුණයෙක් සිටියා. ඔහු සතුන්ට පණ දෙන මන්තර ඉගෙන ගත්තා. නමුත් සතුන් දමනය කරන මන්තර ඉගෙන ගත්තේ නෑ.

දවසක් මොහු අනික් තරුණයන් සමග දර කඩන්ට වනයට ගියා. වනාන්තරේ මහා ව්‍යාඝ්‍රයෙක් මැරී ඉන්නවා දැක්කා. දැකලා තරුණයන්ට මෙහෙම කිව්වා. "ඕන්න.... මිතුරනේ.... මං මේ මැරුණු ව්‍යාඝ්‍රයාව නැගිට්ටවන්නම්."

"හානේ.... මොන පිස්සුද. ඔහේ කොහොමෙයි මේකාව නැගිට්ටවන්නේ!" "හරි බලාගෙන ඉන්නවා නම් මං නැගිට්ටවන්නම්."

එතකොට "හරි.... පුළුවන් නම් නැගිට්ටවන්ට බලන්ට" කියල අනෙක් තරුණයෝ ගසට නැග්ගා.

සංජීව තරුණයා මන්තර මැතිරුවා.... මැරුණ ව්‍යාඝ්‍රයා නැගිට්ටා. වේගයෙන් සැණින් සංජීවගේ බෙල්ලට පැනලා හපලා මරලා එතැන ම ආයෙමත් වැටුණා. සංජීවත් එතැන ම මැරී වැටුණා. දෙන්නම එකතැන මැරී වැටුණා. අනිත් තරුණයන් මහත් සංවේග යෙන් යුක්තව දරත් රැගෙන ගිහින් ආචාර්යපාදයන්ට සිදු වූ දෙය සැළකළා.

"දරුවෙනි.... අසත්පුරුෂ ගතිගුණ පිහිටි කොටියාට

නුසුදුසු අවස්ථාවේ සත්කාර සම්මාන ප්‍රශංසා කරන්ට ගිහින් වැනසුනේ. එතකොට ඔහොම දුකට පත්වෙනවා තමයි" කියා මේ ගාථාව පැවසුවා.

යමෙක් ලාභ සත්කාර ද තනතුරු හා සම්මාන ද
අසත්පුරුෂයාට දෙමින් ඔහු නතු කර ගන්නේ
මෙවැනි දුසිල් පුද්ගලයන් නිතරම ඇසුරට ගනිමින්
සිටින කෙනා ඔහු නිසා ම විපතට පත් වන්නේ
සංජීව ද මතුරු දපා කොටියට පණ දෙන්ට ගියා
අසත්පුරුෂ කොටිය නැගිට ඔහුව මරා ගත්තේ

අසත්පුරුෂයාට පැහැදී ඔහුට සත්කාර සම්මාන කොට අසත්පුරුෂ ආශ්‍රයෙන් යුක්තව සිටියොත් ඒ අසත්පුරුෂයා නිසා ම යි තමාට මහත් විපත් සිදුවන්නේ. මහණෙනි, එදා මැරුණු ව්‍යාඝ්‍රයෙකුට පිහිට වෙන්ට ගිහින් ඒ ව්‍යාඝ්‍රයාගෙන් ම ඝාතනයට ලක් වූ සංජීව තරුණයාව සිටියේ අජාසත් ම යි. දිසාපාමොක් ආචාර්යව සිටියේ මම" යි කියා භාග්‍යවතුන් වහන්සේ මේ ජාතකය නිමවා වදාළා.

පසළොස්වැනි කකණ්ටක වර්ගය නිමා විය.

ඒකක නිපාතය විස්තර කිරීම අවසන් විය.

මහාමේඝ ප්‍රකාශන

පූජ්‍ය කිරිබත්ගොඩ ඤාණානන්ද ස්වාමීන් වහන්සේ විසින් රචිත
සියලුම සදහම් ග්‍රන්ථ සහ ධර්ම දේශනා ලබාගැනීමට

ත්‍රිපිටක සදහම් පොත් මැදුර

අංක 70/A/7/OB, YMBA ගොඩනැගිල්ල, බොරැල්ල, කොළඹ 08
දුර : 077 47 47 161 / 011 425 59 87
ඊ-මේල් : thripitAkasadahambooks@gmail.com